網紅經濟

移動互聯網時代的千億紅利市場

袁國寶／謝利明 著

SmartM世紀智庫創辦人 許景泰｜台灣最大直播平台 LIVEhouse.in共同創辦人暨執行長 程世嘉
SUPERMEDIA超人氣自媒體人才育成園區創辦人 黃冠融 專文推薦

Contents

Contents

C o n t e n t s

C o n t e n t s

C o n t e n t s

第八章 借鑑，國際網紅經濟現狀分析

推薦序

注意！網紅經濟來了！

網紅經濟 來了！我們正從「注意力經濟」開始轉向充滿人格魅力的「影響力經濟」的時代。網紅炫風不只是一個現象，它將會帶來我們消費場景的改變？牽動諸多產業的變革？

我看見網紅經濟將造成以下七個重大現象：

人人都有機會成為網紅

人手一機，人人都在玩社群，發布個人美圖或影音，甚至直播變成容易，這意味每個人都有機會突然變成為網紅！因為，這是一個極度垂直分眾的時代，每個一小圈子都需要明星，而網紅就是象徵新網路娛樂時代最火的產物！

網紅，會不會只是曇花一現？

網紅是新網路經濟時代下的產物，它才剛剛開始而已。當然，這股新網紅經濟勢力要走得長久，勢必要走向專業化、企業化、資本化，伴隨而生的商業生態鏈必須被建立起來，就會是一個巨大的新網路經濟體！

直播只會炒熱更多網紅

二〇一六年社群直播全面噴發！直播經濟，只會更快的炒熱了大批網紅新星。但也相對的，會看見網紅快速崛起，也瞬間殞落！網紅要想發展長久，勢必要跟商業接軌，以及不斷求新求變！

變現力才是網紅成功的關鍵

每一位明星也必須成為網紅，因為贏得粉絲互動的信任，才能形成自品牌，才有機會將粉絲轉成購買力。若網紅無法找到持續而穩定的變現模式，那麼多數網紅終將會走向失敗一途！

網紅商業模式走向多元化

當社群活絡，手機支付便利，這意味著網紅只要挾帶的「粉絲資本」，通過電商、廣告、遊戲打賞、付費服務和線下活動等各式已成熟的網路商業平台，獲利模式的手段將會比過去更多元、直接。

傳統媒體注意力將稀釋化

可以確定的，直播、短影片、美圖，只會讓消費者注意力停留在傳統媒體更稀少！同時，當資本轉而大舉投入大量直播內容與經營網紅，也將改變生活娛樂與消費行為！

網紅經濟將改變諸多產業

網路經濟將直接與間接衝擊傳統媒體、娛樂文化、經紀公司、廣告、零售、電商等。因為，網紅吸走了大量流量、帶走了消費者、影響力滲透了各個角落，消費者只會跟著網紅越加分眾而細分化，許多產業必須轉型、改變，否則將會造成巨大損失或慘淡經營。

這本書清楚且系統性的點出網紅經濟在各個面向的影響！雖然，陳述的例子以中國網紅為主，但不可否認，台灣也正崛起一批新世代的網紅。同時，直播社群平台也快速火熱起來，新一輪的網路漲跌，網紅經濟絕對扮演重要角色，這本書的出版，值得我們一邊閱讀，一邊深切思考該如何迎接這股熱浪正快速席捲，深深影響著你、我、他！

SmartM世紀智庫創辦人許景泰

推薦序

有人潮的地方，就是媒體

網紅經濟的本質是「自媒體」，但究竟什麼是媒體？對於現在高度連結和破碎的網路世界來說，實際上已經沒有必要區分新媒體或是舊媒體，只要能聚集人潮的地方，就是媒體。

網紅的運作方式是靠著個人的魅力與特質，吸引群眾圍觀，無論是網紅平日與粉絲的日常互動、或是個人生活中的點點滴滴，都是網紅做為自媒體產生出來的媒體內容。

而直播的出現，讓網紅經濟的發展更為蓬勃，在中國甚至可說是到了野火燎原的地步：直播平台之間彼此祭出高薪爭搶網紅，據傳年薪最高的網紅，一年可以從平台拿到上億的人民幣，而Papi醬和羅輯思維的廣受歡迎，更是被當成這波網紅經濟的時代標誌。

但是，網紅經濟就如同所有的科技和熱潮一樣，在過熱的情形之下，勢必會出現市場修正的情況。中國大陸廣電總局在二〇一六年九月初，下發了「關於加強網路視聽節目直播服務管理有關問題的通知」給國內所有視頻網站，要求大力整頓視頻網站的各種亂象，其中的檢討對象當然包括網紅以及其所產生的各種視頻內容。

Papi醬便是在氣勢如日中天之時，被中國政府要求收斂言詞、不得在節目中爆粗口，因此從二〇一六年下半年開始，整個發展的氣勢急轉直下，人氣最高的時光已經一去不復返。

上述的現象反映出網紅經濟的一些特徵和問題，做為一個自媒體，網紅與平台之間呈現「低度耦合」的情況，網紅說來就來說走就走，對於平台並沒有忠誠度，所以形成平台彼此之間哄抬網紅價碼惡性競爭的情況，對於整體產業發展並非好事。

再者，網紅經濟看的是個人的特質與底蘊，若是個人不夠有料或是缺乏專業，終究無法長時間產出足夠吸引人的新穎內容，粉絲很快就會失去新鮮感，轉往其他更有趣的內容。

因此，「內容為王」在網紅經濟依舊成立，既然產出的內容與網紅的個人特質高度相關，如何管理網紅的個人生涯持續發展，就是一件極為重要的事情。所以雖然市場現在前仆後繼地砸錢投資個人網紅公司，需要注意的是，當一個人就等於一家公司時，網紅的生命週期就會是需要管理的最大風險。

所以話說回來，在網路上打造明星，跟以前電視圈打造明星的本質其實並無二致：看的是個人的特質、看的是藝人所選專業的持續發展、看的是經紀公司的操盤能力，同樣的專業和生態，只是自然擴展到網路的渠道而已。

唯一不同的是，透過網路這個無所不在的渠道，消滅了傳統媒體掌握曝光渠道的限制，讓每個人現在都有機會將自己打造成明星，只要你有足夠吸引人的專業和特質，就有在全世界發光發熱的機會。

我們可以期待，各行各業的網紅會繼續快速地冒出頭，他們的個人特質將出乎你我的意料。

台灣最大直播平台 LIVEhouse.in 共同創辦人暨執行長程世嘉

推薦序

人生就像直播LIVE，無法停止也無法重來

在互聯網的環境，傳統的商業模式開始遭到顛覆，我們要善用網路、社群、自媒體、口碑行銷等經營技巧，創造新商機！

隨著近幾年媒體、網紅、短視訊的崛起，網紅經紀及培訓公司等相關產業也漸漸在台灣受到重視，如書中作者所提及，每個網路推手的成名，背後往往都有一個龐大團隊，是經過精心策劃，以及需要組織大量人力物力來推動。

本書就點出了許多關鍵，對於網紅粉絲關係管理、網紅與客戶關係及產品的結合等，透過深入淺出的方式，闡述平台是如何使用個性標籤和個人品牌吸引粉絲，並利用社群行銷工具來提高互動率黏住粉絲，偶爾再做個轉發抽獎收買粉絲，或是運用圖片和視訊來感動粉絲等，讓讀者們看完不用走吃虧路，能

選擇最好的捷徑，了解互聯網社交平台原來可以如此輕鬆寫意，相信絕對是眾多讀者的福氣。

二〇一二年數位時代的快速發展下，舊媒體逝去的同時，新數位媒體也如雨後春筍般生長，我們也發現在台灣有不少好的創作人才與作品不斷的被產出，就因為一個希望台灣好的作品與人才被世界看見，建立了「台灣達人秀」自媒體聯播網，在平台上推播的創作者累積有多達三千位，影片在臉書上一年累積超過二十億觀看，這幾年培養出許多百萬粉絲的天團。

我們也做了一個總結「台灣不缺內容，缺的是有價值的內容產業」，如作者所提到有關中國電商領域的「網紅培訓中心」概念，很慶幸的是我們有著相同的默契跟想法，在多媒體平台的時代，我們要怎麼培育出更多好的創作來，感動這個世界?!

因此我們也成立了台灣第一所網紅學院「超人氣網紅學院SUPER SCHOOL」，傳授自媒體心法，包含平台應用和社群操作、創意內容產出製作和行銷曝光方法等專業課程指導和資源，讓創作者從零打躍升為一個「超級IP」（Intellectual Property，知識產權）。

網紅經濟

移動互聯網時代的千億紅利市場

我們都知道網紅創作者品牌與內容的核心價值在於創意，且具備分享的元素，透過行銷包裝，利用平台推廣出去，所造就的網紅經濟價值，其實範圍既深且廣，但千萬要小心別陷入互聯網的泥沼與黑洞，失去方向。除上述敘述外，本書最為人所稱道的，即是能一步一步引導讀者如何進行有效分析，做營運最大化，搭配實際範例議題知識，真的是非常難得。

相信本書不僅能幫助各位讀者們進入網紅經濟行業，更能引領日後進階想進入互聯網網紅等新媒體的朋友，了解如何透過創作或操作獲得收益。

SUPERMEDIA 超人氣自媒體人才育成園區創辦人黃冠融

前言

移動互聯網發展下的爆發和消滅

這是最壞的時代。

移動互聯網的發展一日千里，改變著人們生活的方方面面。信息傳遞方式從單一中心向外按層級傳遞轉變為向多中心、無層級、同步快速傳遞，從「中心化」到「去中心化」，給社會系統帶來的衝擊是巨大的，每天都在出現新的可能；智慧手機和平板電腦的全面普及無情蠶食著傳統媒體的話語權，新媒體成為獲取資訊的主流入口；傳統行業正在被顛覆，整個社會被推到轉型的十字路口——無論是行業還是個人，轉型或不轉型不是選擇題，而是答案標準的填空題；不得不進行自我革命的時代來了。

這也是最好的時代，遍布奇蹟！

網紅經濟

移動互聯網時代的千億紅利市場

原本號令天下的巨頭可能一夜之間搖搖欲墜，被後浪拍死在沙灘上；而名不見經傳的小輩，可能悄然之間異軍突起。平凡人們通過網路成為美妝界紅人、時尚界紅人、讀書界紅人、投資界紅人……，移動互聯網的爆發式發展帶來了無數機會，消費者主權更是打破了原有的造星方式，大眾用手中的權力尋找屬於自己的偶像。

雪梨、張大奕等爆紅網路的網紅，就是在用戶自主選擇前提下，注意力經濟效應的明證。不久前Papi醬拿到人民幣一千兩百萬元融資事件則標誌著新網紅時代的到來。一個移動互聯網時代的千億紅利市場就此開啟。

Papi醬的天價廣告是網紅初始時代的縮影，尚屬於純素人起家的1.0時代的粗放型網紅經濟。隨著資本的湧入，網紅經濟必然向2.0時代的機構化、資本化和產業化轉型。

網紅產業從二〇一五年年末開始被資本瘋狂挖掘，各大巨頭都希望能在網紅產業鏈中分得一杯羹。在搶灘登陸網紅經濟上，阿里是最積極的一個。二〇一六年三月，阿里巴巴集團執行長張勇表示：「從運營商品到運營內容，淘寶正在聚集一大批內容生產者，從最大的商品市場邁向最大的消費者社區、超級消費者媒體。淘寶將利用阿里生態圈的內容平台，緊密打造從內容生產到內容傳播、內容消費的生態體系。」

不管是阿里的極力追捧還是聚美優品陳歐親自微博參與，都證明網紅經濟依託的廣闊市場。在Papi醬一夜竄紅、萬眾狂歡之時，廣電總局的一紙整改令給網紅澆了一盆冷水，隨之而來的各種爭議不絕於耳：網紅是曇花一現，網紅經濟是無稽之談等。在我看來，很多人之所以焦慮、恐慌、困惑，皆是因為未曾意識到自己身處的時代，是一個怎樣的時代。

互聯網只是一種工具，移動互聯網卻是一個時代。網紅經濟是基於移動互聯網誕生的產物，是用戶主權的選擇，網紅經濟不但不會是曇花一現，隨著新媒體的發展和資本的介入，還會迎來一個嶄新的網紅時代。

網紅經濟的爆發是傳統企業的巨大機會，網紅的品牌和流量將助力傳統企業快速高效地轉型升級，能否抓住網紅經濟的千億紅利市場，將是考量傳統企業能否在一個更高的維度上實現互聯網轉型的關鍵要素。

同時，也要看到今天的網紅還停留在初級階段，藉助新媒體成名的網紅，從根本上而言是注意力經濟的附庸，如何實現網紅從注意力經濟向影響力經濟的過渡，讓網紅品牌化、ＩＰ化才是王道。網紅自身存在先天的缺失，如缺乏持續生產優質原創內容的能力、缺乏有效的管理機制、缺乏專業的市場和產業化運營等，網紅經濟的發展將會受限。未來網紅的發展趨勢將是機構化、專業化、資本化，再加上產業化。

不管是網紅還是企業，千億市場才剛剛開啟，誰能抓住紅利占據風口，誰就有可能成為下一個十年最大的王者。

我們慶幸趕上了最好的時代，見證了整個互聯網江湖的風風雨雨，我們的青春也與互聯網一路相隨。正是看到移動互聯網新媒體的巨大紅利，我們邀請了喻國明、石述思、瀋陽等人，聯合發起成立了NewMedia聯盟，聚合了新媒體平台最有影響力的網路名人，打造了中國第一網路名人聯盟；為迎接千億紅利市場的網紅經濟時代的到來，我們還聯合了倪偉、王贇明、劉俊傑、岳靚等人，打造了深度結合供應鏈的網紅產業鏈服務平台——人人都是網紅。

我們將繼續懷揣激情與夢想，為這個偉大的時代，也為自己曾經無怨無悔的青春。期待更多關注網紅、希望共用網紅經濟紅利的小夥伴們，與我們一起，並肩前行。

第一章

從1.0到3.0，不同時代的網路紅人

什麼是「網紅」？

時尚大師安迪．沃荷說過：「未來，每個人都有機會成名十五分鐘。」今天，層出不窮的網紅，讓我們看到成名也許只要幾分鐘。

在這個看臉的時代，網紅的定義局限於擁有青春靚麗的外表並善於行銷的年輕女子。她們在各種社交媒體上，經由塑造美好、樂觀、鮮明的個人形象積累粉絲。從這一點來看，微博、微信、部落格等社交媒體上，任何以人像為基礎，擁有一定量的社交資產，而且這些資產具備快速變現能力的帳號，都可以稱為「網紅」。

網紅社交資產變現最常見的方式是廣告。但是，廣告達到一定的規模後會面臨瓶頸，大量的廣告必然會破壞社交生態，導致粉絲厭煩。另一種常見的變現方式是電商變現，即經由買賣差價或者利潤分成的方式向粉絲銷售商品，從而獲得收入。

所以，微博、微信等社交媒體上出現的很多行業達人或某個領域的意見領袖，儘管其對象局限於一個特定的人群，卻有很大的影響力。無論是遊戲、美食、動漫、健身、時尚，還是寵物、攝影、股票，每個領域的網紅在垂直領域內，都具有極大的變現能力。

阿里巴巴無線事業部總監陳鐳（花名：聞仲）強調，「網紅」和「紅人」是兩個概念。廣義的紅人是指有自品牌，就是IP（知識產權：Intellectual Property）化的這一類人群；狹義的紅人包括三種：校花、模特兒和白富美。陳鐳認為：狹義的紅人必須有顏值、特定的風格和影響力，可以成為某一個領域的意見領袖。他也承認，現在紅人的身分非常複雜，可以是演員、明星，或者網紅。

陳鐳認為紅人的概念遠遠大於網紅的概念。網紅與紅人，特別是明星紅人，還有著本質的區別。但是，從明星紅人和網紅日漸相似的行銷行為上看，兩者的邊界也在變得模糊。

針對互聯網催生的網紅，陳鐳做了一些特徵上的整理。首先，網紅的群眾黏性極強。一個優質網紅必然很懂社交和粉絲運營。據統計，他們每天至少要花二至三個小時與粉絲互動。因為，粉絲關注網紅不只是因為商品，更多的是因為內容，或者說消費觀和價值觀的認同，尤其在一些專業垂直領域（如時尚、健身）上，網紅的意見十分重要。商品不再是商品，而是粉絲變美、網紅與粉絲價值觀趨同的重要媒介。

其次，網紅經濟重視的是用戶的運營。互聯網時代，流量和用戶運營是網紅經濟的關鍵字。電商領域的網紅，更看重以需求定供給，而非以供給看選擇。也就是說，網紅經由與顧客溝通，在生產前就已經得知產品的吸引力，輔以相關資訊的搜索，再決定每樣產品的產量和樣式，如此便解決了大量生產造成的產品積壓問題。

再次，無線時代推動了網紅經濟的發展。二〇一五年，無線用戶突破了九億人，二〇一五年第三季資料顯示，移動電商的成交額已經達到五千一百九十九點九億元，移動端電商占比百分之五十六點七，遠遠超過ＰＣ端。在此期間，網紅數量爆發式地增長。

從網紅1.0到網紅3.0的變化與更迭

網紅的出現並不是一蹴而就，它經歷了積累和變化的過程。一九九四年四月二十日，第一條64K國際專線接通，中國的互聯網時代正式到來，同時迅速催生了一大批網路紅人。憑藉於當時的時代背景，他們有著獨特的成名方式和商業模式。

在網紅1.0時代，網速還只有幾K，網民大多靠文字獲取互聯網中的資訊。這是文字激揚的時代，網紅們靠文筆起家，以文字安身立命並走紅。他們開啟了中國網路文學的先河，一大批網路寫手紛紛湧現，社區、文學網站也相繼出現。這些網紅的商業軌跡大多相似。他們紅於互聯網社區，累積了一定的粉絲基礎，按照傳統的行業規則進行商業套現。1.0時代，網紅的成名大多靠著才情和文筆，商業模式也比較循規蹈矩，這一時代也被稱作互聯網商業的「純情時代」。

千禧年（二〇〇〇年）之後，中國的網速有了很大的提升，互聯網進入了圖片資訊時代。網路社區使得原本依靠文筆才情的網紅之路開始走向博人眼球的炒作之旅。

大量惡搞、低俗的圖文進入大眾的視野，網路女性在這一時代背景下占盡優勢。網紅們成名後積極配合各種商業推廣，從單純的網路社區紅到了網路媒體，再從網路媒體紅到了娛樂圈。

在互聯網資訊視覺化的浪潮下，網紅2.0時代的網紅們更會製造視覺衝擊和頻繁的心理震撼。同時，網紅市場也變得更成熟，從炒作、推廣到變現，造星的生態鏈已經完全專業化，行業規則也已經全面發展。

隨著網路行銷公司和網紅推手市場的競爭不斷加劇，以及網路技術的發展，成為網紅的門檻越來越低。網紅由原來靠爭取注目度的全民皆知，轉變為在某個特點領域有過人之處的小範圍紅人。

網紅3.0，互聯網進入寬頻時代，網路歌曲的流行便是顯著特徵。微博、微信等自媒體成為網紅造星的聖地，直播平台更為網紅提供了新戰場。網紅的市場更加靈活多變，網紅粉絲變現的手段也日新月異，不再局限於2.0時代的商業代言活動，網紅們依憑各種不同的規則，實現經濟效益的最大化。

確切地說，如今的網路紅人是指在現實或者網路生活中，因為某個事件或者行為被網民關注而走紅的人。他們的走紅源於自身的某種特質，在網路作用下被放大，與網民的審美、審醜、娛樂、刺激、偷窺、臆想以及觀眾等心理相契合，有意或無意間受到網路世界的追捧。因此，網路紅人的產生不是自發的，而是網絡媒介環境下，網路紅人、網路推手、傳統媒體以及受眾心理需求等利益共同體綜合作用的結果。

從網路事件炒作到網路紅人

從2.0時代開始，網紅便構築了一股重要的新經濟力量。網紅現象不再是偶然發生，更多的是在市場需求和商業策劃推動下發展起來。炒作成為必要，利用時下最新的網路平台，持續不斷地進行資訊轟炸、造勢和曝光；貼上鮮明的「標籤」等，都是炒作的一般手段。

幕後推手的策劃加上媒體的跟風宣傳促成了網紅的迅速成名。炒作、有靠山等負面評語，在一段時間內與網紅們如影隨形。網紅的迅速竄紅並不僅僅由炒作促成，但炒作確實是一個非常有效的手段。

一般正常的、有目的性的網路事件炒作，必是經過縝密的策劃，也要遵循一般性的流程：

首先，網紅自己或是推手，必須瞭解自身特點。通常一個網紅的成功，會經過多次的嘗試，找到最適合自己的造型，量體裁衣選好劇本。其次，前期策劃十分重要。從選定平台到炒作過程中會遇到的問題，都要提前繪製出方案，嚴緊的策劃十分必要，它是減少或避免炒作過程中出現重大問題的有效手段。

再者，要嚴格執行炒作內容，不斷地調整，有力引導輿論的方向。網路的多變性和不可控性需要在執行時特別注意。一旦出現突發情況，前期的所有策劃都要重新調整，反向炒作、雙簧炒作等方法，也就顯得尤為重要。

最後，炒作是一個過程，需要適時地轟炸和跟蹤。一個事件需要不斷挖掘新的炒作點，一輪接一輪的轟炸十分必要，通過不斷發現炒作點，找到更多有料的話題，保持原有的方向、防止走歪。

一個優秀的炒作案例，有時會需要後續的解密和曝光，讓整個事件看起來更加完整，故事性更強。

網紅的層出不窮，不斷豐富著網紅的定義。天使投資的徐小平就說：「什麼是網紅？網紅是人類歷史上第一代不需要權威賦權，便能夠自我賦權的權威。過去這個社會所有節點性的人物都來自於其他權威的授權。而在我們這個時代，突然大家發現出現了這樣一種人，他好像有權威，但是他的權威居然背後沒有賦權。」

可以說，這是一個盛產網紅的時代，只要有一技之長，無論是唱歌跳舞、搞笑模仿還是編內容，你都可以勇闖網紅界。

網紅的各種不同類型

「網紅」本是指經由互聯網走紅的人，從詞義上看並無褒貶。但網紅經歷的幾個階段，卻將其賦予了負面含意。之前，大眾印象中的網紅就是擁有淘寶店、長著錐子臉、嫁給富二代的網路紅人。她們有著類似的外貌，濃妝豔抹，又經過美圖磨皮以及相似的拍照姿勢，她們有著令人嚮往的舒適生活，並總是和「炫」、「土豪」等字眼聯繫在一起。隨著Papi醬、Skm破音等新一代網紅的出現，網紅被重新定義。現在，是該幫網紅正名的時機了。

網紅是指在網路上擁有人氣的明星，人氣多的就是大網紅，人氣少就是小網紅。作為一個群體，他們有很多共同點，可以分為以下幾種類型。

第一種是真正的微博網紅，由最初的小模特兒、小明星演變而來，如ALU、NANA。早期靠用自拍神器展現自己的生活圈子，名車豪宅、帥哥美女，利用普通人對有錢人生活的憧憬與好奇，吸引大批的粉絲，然後成功轉型淘寶店鋪。

第二種是論壇、部落格或微博上的時尚達人，依靠準確的定位，長期產出有價值的內容，積累一大批的忠實追隨者，如膩娃。

第三種是另類淘寶賣家，生於淘寶、發跡於社交媒體，經由高仿、單品、預售、定製等爆品法則累積了無數忠實粉絲，如CC皮草和複刻店。

第四種是生產線上的網紅店，自帶粉絲，在商業運營公司的資本下成長，如大金。

網紅不局限於淘寶等平台的美妝達人、街拍達人，也不限於美拍等平台的短視頻達人。如今，對網紅的定義越來越廣泛，基本沒有固定的界限。比如擁有忠實粉絲的自媒體「三表龍門陣」等也算是網紅；具有鮮明個性特徵的微博重要人物也是網紅，例如王思聰；善於運用移動互聯網的傳統明星本身也是網紅，例如薛之謙，他曾自嘲：「之前過氣，剛變網紅，管他什麼紅呢，能紅就行。」很多明星也因此經常在微博、美拍等網路平台和大家互動。

明星也算是網紅？

明星有著讓人豔羨的生活，所到之處無不環繞著掌聲和喝采，最重要的是，他們利用明星效應能產生極大的經濟效益。明星的收益分為兩部分：唱片、演唱會、電影票房這類直接讓粉絲掏錢的商業模式，第二部分來自於商業品牌代言這類間接收入模式，也是明星收入的主要部分。在國外，很多品牌更青睞於邀請網紅們代言。

過去，明星和網紅是兩個對立的群體，許多明星對網紅不屑一顧。但在明星經濟悄然變化中，新一輪話語權正在更迭：網紅正在悄然取代明星的地位。網紅比明星更易親近、更群眾化、更善用移動互聯網，這是獲得粉絲認同的一大利器。

以在美拍迅速走紅的Skm破音為例。其標籤是高顏值男歌手，與一般的歌手不同，破音的美拍內容很新穎，還特別注重和粉絲的互動：唱每一首歌都會和粉絲聊天，還會編一些幽默的橋段和大家交流。一時間，粉絲量飛漲，這得益於他的親和力。

傳統明星的偶像包袱太重，與大眾的距離太遙遠，無形中給了網紅們崛起的機會。當然，也可稱之為藉助於移動互聯網的彎道超車，互聯網正在顛覆各行各業，明星亦不能置身事外。

如今，明星們都必須接受做網紅的事實，在網路上和粉絲保持互動，如果一個明星在網路上沒有人氣和支持率，很快就會過氣。網紅和明星的概念越來越模糊，未來人氣龐大的網紅就是大明星，不是網紅就不是真明星。就像互聯網改變傳統行業一樣，如果明星不擁抱網紅經濟，就會被顛覆，被淘汰。

網路紅人的不同屬性

以藝術才華成名

這類型的網路紅人主要依靠自己的藝術才華獲得廣大網民的追捧。他們大多數是一般群眾，不是科班出身，沒有接受過所謂正規的訓練，往往是憑藉其特殊的天賦，以及由於興趣影響下的自我學習，在某個藝術領域形成自己的特點。

他們把自己的作品上傳到個人網站，或者某些較有影響力的專業網站，並因為不同於主流的獨特品味逐漸積累人氣，而擁有固定粉絲群。

代表人物：許嵩

許嵩成名路

二〇〇六年年初，許嵩是一個在安徽醫科大學讀大二的男生。由於對音樂的愛好，也憑藉兒時學習鋼琴與古典音樂打下的基礎，課餘時間裡，他用簡單的音樂設備錄製了一些音樂作品。

這些音樂作品被他以Vae的筆名上傳到個人網站，引起網友的關注。一時之間，大家都開始關注這個叫Vae的神秘音樂人，大家開始人肉搜索這個唱功青澀，但作品卻頗有意思的年輕人。

二〇〇八年夏天，從安徽醫科大學管理系畢業的許嵩，花了半年多的時間做了一張叫作《自訂》的唱片。許嵩一個人完成了這張唱片的作詞、作曲、編曲、錄音、混音等一切大小事。

這張專輯得到歌迷的熱烈回應，在其個人網站預售幾日便宣告斷貨。音樂方面，這張專輯得到圈內人不錯的評價。但因為缺乏唱片公司的推廣傳播，沒辦法讓這張專輯在主流媒體上得到傳播，但僅僅靠著歌迷自發宣傳，這張專輯的知名度也逐步擴散開來。

唱片公司老闆們瞄準了許嵩的價值，不斷有人找他談合作、談簽約，可是許嵩的要求是，必須由自己獨立創作和製作第二張專輯。很顯然，沒有公司會對一個名不見經傳的新人下這麼大的賭注，許嵩依然選擇一個人戰鬥下去。

二〇一〇年一月六日，歷經整整一年，他的第二張獨立創作和製作的專輯《尋霧啟示》製作完成。依然是詞、曲、製作人獨攬。專輯裡的《灰色頭像》《廬州月》等作品，憑藉網友的口口相傳大獲成功，僅《灰色頭像》一首歌就幾乎超越之前所有作品的鈴聲下載。

主打產品、藝人，量身打造作品，而這些作品也獲得了不錯的口碑。《尋霧啟示》發行後，許嵩連續受搜狐、聯想、華誼音樂的邀請，為旗下

二〇一一年四月，被視為互聯網音樂新一代代表人物的許嵩，與跨國音樂公司——海蝶音樂簽約。在簽約海蝶後，推出第三張創作專輯《蘇格拉沒有底》，這張專輯在實體唱片日漸式微的數位音樂時代獲得了超過二十三萬張的銷量，轟動了全中國媒體。

以搞怪作秀成名

這類型網紅以讓人驚訝的語言和特別的行為加深觀眾印象。

他們往往經由在網路上發布視頻或者圖片的「自我展示」（包括自我暴露），引起廣大網友關注而走紅。這些自我展示往往具有譁眾取寵的特點。他們帶有很強的目的性，包含一定的商業目的，與明星的炒作本質上並沒有區別，都是為了引起大家的注意。

代表人物：鳳姐、Hold住姐、胡戈

Hold住姐成名路

二〇一一年八月，謝依霖因在綜藝節目《大學生了沒》節目中扮醜搞怪，加上愛賣弄中英文夾雜的KUSO風格，而引起網友熱議追捧，節目視頻十天內點擊量破一百零一萬人，被稱為「Hold住姐」。

二〇一二年十一月二十三日，謝依霖確認出演《小時代》，飾演的角色是個肌肉發達、頭腦簡單的運動型女生唐宛如。

胡戈成名路

胡戈，湖北武漢人，電子音樂和視頻作者。因為自製吐槽短片《一個饅頭引發的血案》風靡網路，成為眾人追捧的網路紅人。後因險些被大導演陳凱歌

以侵權罪告上法庭聲名大噪。之後，胡戈和「饅頭」的名字迅速成為中國娛樂圈的最熱門話題。

意外成名

因為其獨特性和自身帶話題性而吸引群眾討論。這一類型的網路紅人主觀上沒有刻意炒作自己，其不經意的行為被網友以照片或視頻形式上傳到網上。因為他們的身分與表現跟社會的一般印象有較大反差，因而迅速引起廣大網友的注意，成為網路紅人。他們往往具備跟一般人不一樣的亮點而被發掘，大眾在好奇心理的驅動下，投以極高的關注。

代表人物：奶茶MM，齙牙哥

奶茶MM成名路

二〇〇九年七月三日，章澤天的同學因高二新學期重新分班而互拍照片留念，隨後章澤天同學將其手捧奶茶的照片上傳到QQ空間，之後照片經過網路轉載而傳播。

十二月十三日，百度「皇家馬德里吧」最早公布了奶茶妹妹的真實姓名和所在學校，隨後不少球迷湧入百度「章澤天吧」。章澤天的照片來源於貓撲論壇一個網友的簽名圖，在論壇流傳了大概三天，陸續有網友問這MM是誰。

十二月二十九日，貓撲論壇一位自稱「筆袋男」的網友發帖「哥散盡全部家當求此女」，帖子裡貼出了章澤天的照片，並附有一封求愛信。十二月二十九日晚，很多用戶爆出奶茶MM的照片。十二月三十日，「奶茶MM」稱呼出現，同時帖子也上了貓撲首頁推薦，奶茶MM變成了網路紅人。

齙牙哥成名路

二〇一一年三月，因為六年前無意中拍攝的一張有喜感的老照片，莫名其妙地在網路爆紅，圖中一位面露欣喜表情和潔白牙齒的男生被網友們PS了近百個版本：還珠格格、國產〇〇七、葫蘆娃、忍者神龜、美少女戰士等動漫，轉載量過百萬，一夜之間，齙牙哥成了最新的網路紅人。這個戴著眼鏡笑著露齒的男孩成功「被走紅」。

憑藉網路推手成名

這類網紅背後往往有一個團隊，經過精心的策劃，選擇在大眾關注度很高的場合，經由某些舉動刻意彰顯自身，給大眾留下較深的印象，然後組織大量人力物力來推動，在全國的各個人氣論壇發帖討論，造成一個很熱的假象，從而引起更多的網民關注。

代表人物：芙蓉姐姐

芙蓉姐姐成名路

網路行銷機構創辦人陳墨說當時天涯論壇想找一些話題炒熱，他們經由自身的監控發現了在高校BBS上活躍並小有名氣的芙蓉姐姐，於是找到幾個版主，希望能夠推廣炒熱這位芙蓉姐姐。

陳墨負責拍片子，再找網路寫手寫文章，找其他網站跟進，根據自己在宣傳工作中得來的業緣關係，找傳統媒體的記者報導，這種方式就是用「一般人」來炒熱「一般人」。當時天涯正在尋找投資，芙蓉成功以後的三個月，天涯獲得了五百萬美金的投資。陳墨說這雖然不能完全歸於芙蓉姐姐的走紅，但是芙蓉所帶來的流量變化，至少是對天涯獲得高額投資的一個推動。

網紅的行為取向與核心競爭力

網紅出名通常經過三個步驟：淘寶、出書、實體店。網紅們利用社交平台塑造並輸出美好、樂觀的形象：知性、逗比或者不羈，本質上販售的是偶像的生活方式。這種經由社交平台吸引、聚集粉絲，然後在淘寶將粉絲變現的能力，就是網紅的核心競爭力。

粉絲追隨偶像的影子。網紅的行為通常是：無論到哪去玩，吃了什麼，見到了什麼，都會把一天的所見所聞拍給粉絲看。粉絲則養成每天要刷關注的網紅的微博的習慣，他們喜歡自己關注的網紅的生活態度，喜歡他們生活中一些非常瑣碎的事情。

從心理上分析，大部分粉絲覺得這比電影真實，比追隨明星更接近一般人的日常生活。他們羨慕網紅們的生活方式，在網紅的生活裡找到自己嚮往的影子。穩定的粉絲轉換率，精準的用戶群體，行銷成本趨近於零。這意味著網紅把粉絲變現的能力很強。

成為網紅需要的能力

讓自己標籤化

網紅的標籤是涵蓋當下熱門的一些潮詞，比如萌、逗比、卡哇伊、御姐……。

具備個人魅力

有自己的喜好和獨特的主張，不是千篇一律的鄰家妹妹，網紅必須個性鮮明，喜歡他們的人非常喜歡，不喜歡的人也有微詞。

擁有才華

把當下的時尚、自己的生活方式、不同的場景、自己的粉絲，幾種元素組合在一起，並且毫無違和感，這需要感知時下流行趨勢的才華。

有正能量和親和力

要成為一名網紅，僅僅靠漂亮是不夠的，還需要具備吸粉的能力，需要為自己樹立形象，以高度的親和力和粉絲一起互動，才能維護好自己的粉絲量。

具有店鋪的發展和運營能力

網紅要有專門的團隊幫助打理各項工作，保障店鋪的正常運行，只有在提升服務品質之後，才能進一步推動品牌的發展。

網紅的社交行為

無社交不電商。網紅經濟全面開啟，網紅行銷超越過去平面或電視廣告的單向傳播，通過精準定位、推薦引導、評論互動，利用粉絲效應與市場預判，實現精確高效的行銷效果。低成本和強變現能力是網紅經濟的優勢所在，在微博興起的最初幾年，社交紅利是實實在在存在的，無數網紅或時尚達人在累積了一群粉絲後，開始尋找流量變現的最佳途徑，服裝業成為不多的選擇。

從最初的四季青和十三行採買，到後來的自產自銷，再到這兩年的網紅孵化產業鏈，將粉絲運營與產品口碑匹配到位的網紅，實現了巨大的商業價值。這離不開社交的紅利、長期的堅持，以及產品與供應鏈的配合。

網紅社交的主要平台

興趣及運動旅遊類社交網站

這兩類網站的優點在於平台用戶均對某一領域擁有相同的興趣愛好，相似的需求容易聚集粉絲，並較快速地出現網紅。

但是缺點在於：某一垂直領域的粉絲數量有限，網紅規模普遍受制約。

科普類社區網站

這類網站的優點在於網紅憑藉自身的才能及廣博的見識，持續不斷地輸出優質內容，以吸引各類有知識需求的網友，其粉絲不僅數量較大且均具有較強的黏性。

缺點是：由於文化氛圍較重，粉絲普遍比較排斥商業化，同時網紅本身可能也有較強的個人價值觀，這為其未來的變現增添了難度。

視頻直播類網站

這類網站藉助目前的「宅」文化以及興起的遊戲產業，受到越來越多網友的喜愛；同時在此成長起來的網紅，具有較為優良的個人形象和演藝素質，有利於未來的變現。

然而這些網紅存在的問題在於：他們的活躍週期受制於快速變化的觀眾口味且持續時間較短，另外，這類網紅出道時，極有可能被某一形象框定，未來轉型較為困難。

新浪微博

如今，新浪微博已成為各平台網紅變現的主要平台。由於變現的困難，各平台上的網紅獲得一定數量的粉絲後，會逐步將活動中心轉移到使用者規模最大且最適合變現的微博上。

各網紅將自己原先平台上的粉絲引流到微博，同時吸引更多的粉絲，再經由廣告或者電商行銷，對聚集在新浪微博上的粉絲資源進行變現。

以網紅做好用戶關係管理

傳統的使用者關係管理難以突破人工的局限，只能往智慧方向發展，但是智慧程式也無法擺脫人工的缺點，而且多為冰冷的機器人，沒有一絲溫度，這是傳統使用者關係管理最大的問題。

大部分網紅目前都只專注於產品和粉絲，並沒有做大規模的付費引流，而這是網紅做用戶關係管理的天然優勢。事實上，網紅的任何一句話、一個動作，都能影響粉絲並直接生產大量的死忠用戶，所以才有「一次上新，千萬業績」的傳說。然而，網紅粉絲關係管理應該怎麼做？

吸引粉絲

經由網紅本身的性格標籤和個人品牌定位吸引粉絲。世界上沒有兩個一模一樣的人，理論上，每個人都會有吸引別人的地方。

黏住粉絲

有共同愛好的粉絲，會因為你的分享和你發生深度的溝通和互動，傳統品牌只能經由點讚和簽到提高互動率和交流，但是網紅的微博粉絲基本上天天會看。

收買粉絲

偶爾做個轉發抽獎，能有效收買愛占便宜的死忠粉。

感染粉絲

網紅經常能從感情層面影響粉絲的忠誠度，發一些做公益活動或者努力工作的圖片和視頻，能輕而易舉地感動粉絲。

理論上，網紅能做到吸引粉絲、黏住粉絲、收買粉絲和感染粉絲，而傳統店鋪的粉絲關係管理體系卻無法做到高度的人性化。粉絲關係是人與人的關係，是拉家常式的關係。因為有人情的因素，所以更容易維護好與粉絲的關係。

需求漸趨龐大的網紅孵化器

從普通人到網紅的過程，一定有一個讓其變紅的平台，這個平台就是人們展示的舞台。一些人或者機構嗅出網紅的巨大經濟潛力，於是出資或者組建團隊為網紅進行包裝和宣傳。

資本和專業機構介入後，合力打造新的網紅和網紅商業模式，從而創造出產業發展的新鏈條。當他們之間的合作水到渠成並火爆發展時，專業的網紅孵化器就會自然而然地出現。

網紅從產生到如今爆發式發展，每一階段背後都有相對應的孵化器。這些孵化器不僅為他們提供了展示自己的平台，讓網紅發展更加專業，同時，孵化器本身也變得更專業。

無論是網紅1.0時代的自我經營，還是網紅2.0時代的炒作商業機構（經紀公司），或是3.0時代定位網紅的經紀人與服務商，網紅孵化器越來越專業，在某些領域更創造了驚人的業績。

眾所周知，早在互聯網大潮洶湧襲來之際，淘寶便在杭州孕育而生，這座秀美的江南古城也成為電子商業之都。憑藉對電商領域特有的敏感，幾十家網紅孵化公司在杭州率先拔地而起。

網紅經濟興起時出現的一些網紅孵化公司，原本是比較成功的淘寶商家，但在和網紅的合作中，網紅們負責和粉絲溝通和推薦商品，孵化公司則將精力集中在店鋪的日常運營，以及供應鏈的建設和設計上。這種強強聯手的模式，已經體現出威力，不僅打造出一個個皇冠淘寶店鋪，還吸引到了風投。

以當下火爆的電商領域為例。這一領域的網紅孵化器定位於網紅的經紀人與服務商，既為現有網紅提供店鋪運營服務與供應鏈支援，也打造新晉網紅，提供從粉絲行銷、網店管理到對接供應鏈的一站式服務，典型是如涵和ＬＩＮ家。

另有一些網紅孵化公司和網紅培訓中心，其核心業務是迎合部分年輕人想要成為網紅的心態，對其在化妝、形體、言語、肢體動作、自我行銷等方面進行培訓和包裝。

專業的網紅包裝公司認為網紅也可以生產和包裝。杭州著名的網紅公司如涵，旗下便有幾十位網紅。對於網紅來說，只要拍拍照、發發嗲，獲取海量的流量與關注即可，而對如涵來說，後端需要有幾百人的團隊為網紅付出。他們包裝、挑選和培養網紅，用大資料預測哪個網紅會紅，從而決定是否包裝。

電商領域的網紅孵化器運作技巧

電商網紅的爆紅，促成穿著網紅外衣的純線上服裝公司的出現

這些公司幫網紅打通供應鏈這最核心的一環。傳統的供應鏈要能快速回應網紅店鋪的需求，在五至七天內完成從原材料、打版、製造到物流的全過程。其次，幫網紅成立店鋪，註冊一個TM商標只要一千六百元人民幣，開一個淘寶集市賣家只需一千元人民幣。

最後，網紅負責輸出調性和圖片，孵化器只需要做基礎的產品頁和產品上

下架就可以了。好的孵化器還具備大資料分析的能力，協助粉絲運營的效率達到最大化。

淘客、直通車、鑽展（鑽石展位的簡稱，淘寶網為賣家提供的一種營銷工具），是傳統淘寶生態的三大推廣工具。網紅店除了活動，平時基本上不會投一分錢的廣告費，所以對運營外包團隊的技術要求不高，只需做好客服培訓。

提升網紅孵化器的核心競爭力

首先，要有豐富的網紅資源和強大的網紅複製能力。通常情況下，網紅經紀公司會主動聯繫具有一定粉絲量基礎的網紅，一部分網紅本身擁有非常好的粉絲資源，因此在與企業合作分成上難以妥協，孵化器面臨的困難是如何說服網紅合作。

其次，網紅的生命週期不如明星，許多人的生命週期只有短短幾年，如何在此期間儲備網紅，並填補過氣網紅，是考驗網紅孵化器管理的重要一環。

許多網紅公司會在校園設置類似星探的角色，挖掘具有潛力的網紅，簽約並培養他們。許多網紅會被網友肉搜，特別當其是因為事件因素而爆紅時。這個時候考驗網紅孵化器的是危機公關，以及利用事件迅速行銷網紅的能力。

網紅孵化器要有強大的資料分析能力

基於微博粉絲資料的分析，能快速定位粉絲的類型、偏好、活動時間、互動比率、互動形式和轉換率。

根據粉絲的回覆率、轉發率、點讚率以及回覆內容的關鍵字，可以預測款式的熱銷程度，從而估計產量。基於現有粉絲的互動資料，可以判定網紅的成長能力，即是否具備成長為超級網紅的潛力。

以強大供應鏈支撐網紅孵化器的持續發展

傳統服裝業最大的痛點是不知道明年會流行什麼，卻要在今年支付明年的貨款，提前設計生產明年的服裝版型，所以存在較大的風險，有存貨壓力，還有可能因壓貨而產生損失。

但是，孵化器基本上能做到隨時生產、隨時發貨。在粉絲投票確定產品偏向之後，能迅速與上游供應商聯繫原材料，並立刻投入生產，五至七天左右就可以發到粉絲手中。

一部分孵化器有自己的工廠，捨棄並打散了傳統供應鏈中幾十個人一條生產線的大流水線，改成三至四人小組式，靈活調整生產計畫，以適應互聯網銷售的小批量生產。

也有一部分孵化器選擇與代工廠合作。比如，在全球最大的毛針織集散地浙江桐鄉濮院鎮，有個服裝供應鏈B2B公司「空中濮院」，整合了差不多一萬多家毛針織品類工廠和原輔料供應商。如果網紅需要訂製某款服裝，可以直接和他們合作，從數千家供應商挑選符合自己需要的工廠。

社交平台的粉絲運營能力

網紅簽約或者養成後，會在社交平台上穿著商家的衣服拍宣傳資料。這些帶有廣告性質的部落格文章，會巧妙地嵌入在資訊流裡，避免因過度商業化引起粉絲的反感。總體而言，在這種關係下，粉絲是願意為偶像花錢或者接受偶像在自己身上賺錢的。

網紅孵化器模式最打動消費者的就是想像能馬上變成現實，從社交媒體的點讚，到一鍵點開淘寶連結，在華麗大圖衝擊下，實現衝動式購買。

具備合理的利潤分成及激勵機制

孵化器出資，網紅出力。網紅拿百分之十到二十的銷售額，直接用微博粉絲換百分之二十的銷售額，對網紅來說很划算。

網紅出資，孵化器出產業鏈和店鋪運營，孵化器拿百分之十到三十的銷售提成，對孵化器來說也是很賺錢的事。網紅可以取代一個運營團隊，不需要任何額外的廣告，就可以達到宣傳目的。

網紅、孵化器共同出資，共同建設產業鏈。這種模式一般會按底薪加上利潤分成。比如底線給網紅開每年一百萬元人民幣的底薪，年底再五五分成利潤。如果一個網紅店年銷售一億元人民幣，利潤在兩千萬元人民幣以上，網紅的收入就是底薪加上一千萬元人民幣，孵化器賺一千萬元人民幣。

在電商領域，最著名的網紅孵化器便是如涵。如涵的前身是一家淘寶銷售額排名前十的女裝店莉貝琳，由於不願意參與淘寶平台的導流活動，它的業績在二〇一四年年初開始放慢。剛好這時，網紅張大奕提出經營個人服飾品牌的想法。二〇一四年七月，兩家正式開始合作。

此後，莉貝琳憑藉多年女裝網店的運營經驗，只用了短短一年時間，就將張大奕推向網紅店鋪銷售第一的寶座。二〇一五年九月，莉貝琳團隊結束了自身店鋪的運營工作，開始轉型如涵電商，專心經營網紅孵化器。

網紅孵化公司的逐步成長

近年來，隨著資本的介入，淘寶平台上出現了不少網紅孵化公司，它們將一些網紅聚集起來，進行公司化運營。與相對張揚、喜歡抛頭露面的網紅而言，孵化器公司大多沉默低調。

它們排斥媒體報導，並對自己的運營模式諱莫如深。對於網紅孵化器來說，眼下最急於做的就是快速擴張完善供應鏈，並簽下盡可能多的正當紅或者有潛質的網紅。

除了網紅，一些娛樂明星也加入了被「孵化」的陣營。據相關人士透露，諸如張子萱、吳昕、金莎等明星的網店，背後都有專業孵化公司與其合作。

對於這個正高速發展的行業來說，網紅孵化公司仍處在摸索的階段。既要擴大規模投資更多的新網紅，又要在原有網紅身上繼續砸錢備貨和推廣，即便有些公司已經拿到了上億元人民幣融資，但距離真正實現資金鏈的良性循環還有待時日。

全方位打造網紅經濟的運作模式

「網路紅人」是熱門話題，他們可以是富有才華的同道大叔、搞怪技能超好的艾克里里，或者是意外成名的奶茶妹妹，但這些並非純屬巧合。極具代表性的「良辰」，便由強大的幕後推手（網紅經紀公司等）操控，諸如此類的網紅勢必在這股浪潮中製造強大的網紅經濟。

在互聯網時代，網紅經濟作為粉絲經濟的大眾化表現形式，能經由社交平台的海量流量以及精準行銷大幅提高轉化率。由於粉絲關注的網紅均為各領域的達人，其對網紅推銷的專業產品更加敏感、也更容易接受（比如遊戲達人推薦的遊戲，會更容易被遊戲粉絲接受），因此提高了消費者的轉化率。

而網紅為品牌電商吸引流量提供了新的管道。據粗略估計的費用得出，網紅店鋪的整體費用，大致與線下店鋪以及目前的線上店鋪相當。但是，網紅店鋪在提升供應鏈效率以及客流吸引效率上更為明顯。所以許多公司開始試圖以網紅代替原先依賴中心平台廣告的方式進行宣傳。

互聯網經濟形勢盛行的今天，變革並非只是淺層，而是商業模式、組織結構、財富分配結構的整體大變革，把互聯網稱之為「革命」絕不為過。

網紅經濟展現出的時代特點

借勢造勢，看準著力點，網紅經濟在各電商平台玩轉，製造經濟閉合圈，迎合了以下幾個時代特點：

商業模式平台化

公司不管大或小，一定是平台化的資源合體，公司中的每個個體都是利用公司的資源做項目。老闆不停地簽約品牌和自創品牌，開很多店，招募很多運營合夥人，建立強大的ERP管理系統，在資源分享的同時，也擴大了平台經營的廣度，換句話說，任何人都可以利用公司資源創造價值。

社會分工精細化

我們見過最厲害的一家電商公司只有五名員工，卻能運作兩億多元人民幣的專案，其他的全部外包。小小的辦公室，五個合夥人，沒有客服、美工、運營、倉庫，省去了耗時而不必自主運作的專案。

電商已經呈現產品粉絲化、服務社群化的趨勢

這在化妝品、食品、母嬰、科技產品、創意產品等領域顯現得淋漓盡致。打開手機看淘寶首頁，紅起來的都是那些頻道。

網紅作為粉絲購買產品的意見領袖，將符合潮流趨勢並迎合自身粉絲偏好的產品推薦給消費者。在降低消費者購物難度的同時，提升了供應鏈效率，緩解了品牌商庫存高、資金周轉慢的問題。

網紅銷售是品牌商尋找到的新的高效率行銷方式。隨著越來越多的顧客流量由網紅社交帳號導入，越來越多的支付交易經由可直接對接社交平台的移動社交電商完成，傳統B2C電商的中心平台搜索推送功能將被大大削弱。

創建有效的網紅銷售模式

藉助網紅吸引大量流量以及高效率的行銷能力，移動社交電商有望經由社交網站承載越來越多的交易功能，從而實現互聯網購物的去中心化。而網紅經紀公司創建有效的網紅銷售運營模式，才是打開吸引客流量的新通道。

尋找並培養適合的網紅

網紅經紀公司可經由大資料採擷不同類型的網紅，或者選擇在合適的社交平台培養紅人——KOL運營，尋找並簽約現有合適的網紅，製造炒作熱點，講究時尚性和獨特性。

組織專業團隊維護網紅的社交帳號，完成粉絲導流

網紅經紀公司需要定期以紅人身分更新吸引粉絲注意力的內容，保持與粉絲的互動，維持黏性。網紅能夠借此引導粉絲點擊相關店鋪的連結，或者關注

網紅推廣的產品。

組織生產

利用其供應鏈組織生產能力為網紅對接供應鏈渠道，完善採購、生產、設計、物流等供應鏈服務，實體生產網上宣傳的產品，並用自身研發的軟體平台整合上下游資源。

提供相關電商店鋪的運營管理

網紅經紀公司經由在網上店鋪銷售網紅宣傳產品的方式變現網紅社交資產，形成交易閉環。

阿里平台未來會加大對網紅店鋪的投入，它代表新型的店鋪運營模式，代表著未來。在過去的淘寶店鋪大促銷中，銷量前十名的淘寶女裝店鋪，有七家是網紅，都有著百萬量級的粉絲，在社交網路擁有超高人氣，複購率幾乎是百分之百。在網紅店鋪中，甚至出現僅僅開店兩個月就做到五鑽的案例。

其中一位名叫朱宸慧的溫州姑娘，正是因為與「國民老公」王思聰的親密合照頻頻上頭條——除了被網友認為是「王思聰新女友」，她還是網路紅人、淘寶店主雪梨。

網紅經紀公司的發展榮景

在網紅經濟興起的同時，以莉家、榴槤家為代表的網紅孵化公司也浮出水面。合作中，網紅負責與粉絲溝通和推薦貨品，孵化公司負責店鋪日常運營、供應鏈建設和設計。

從網紅整體產業運營角度考量，網紅店鋪主要依靠個人才能，需要更多自主經營意識和議價權；其餘主打顏值的電商類、直播類網紅，涉及商業運作的部分背後都需要有規模、有體系的經紀公司做支撐。

一般網紅經紀公司的工作分為前端和後端：有專人負責打造前端的網紅形象、炒作新聞、保持粉絲熱情和關注度；有專人負責後端支持，做好供應鏈的變現工作。

目前已有越來越完善和專業的機構為網紅們提供服務，例如Digital

Brand Architects（DBA）旗下現已擁有Aimee Song、Chriselle Lim、Jamie Beck等超過百位知名時尚部落客，為網紅們洽談品牌、提供公關和數位戰略服務。在國內以杭州服裝行業網紅孵化器如涵電商為例，它們提供了「供應鏈、代運營，以及經紀人」的三重功能。

供應鏈端自身組建服裝代工廠，洽談網紅品牌；代運營端在店鋪經營、ERP管理、產品上線等方面對網紅店鋪提供支援；經紀人端則直接做好網紅行銷、網紅孵化等工作。這類包裝需要前期投入大量資本為網紅經營微博、微信等社交平台推廣宣傳，才能維持後續的穩步發展。

網路潮流不斷反覆運算發展，網紅經紀公司就是所謂的網紅孵化器，網紅經紀公司的前景不可限量。

網紅的挑戰和條件

在這個看臉的時代，高顏值似乎占盡鋒頭。在過去的一年中，顏值爆表的網紅店主頻頻占據各大視頻社交網站，ＹＹ秀場裡，美女主播連續奮戰幾個小時，網紅被洗版，我們則把口袋裡的錢拿出來。然而，並不是所有的美女都能成為網紅，也不是所有漂亮女孩都會投身美女主播這個行業。

在社群經濟的影響下，頂尖網紅的個人年收入直奔千萬元人民幣，然而他們並不是完全靠臉吃飯，而是經由互聯網思維進行商業運作，在社交媒體上擁有一定數量的粉絲後，以此來轉化為購買量。但網紅模特兒是個例外，在一定程度上，網紅模特兒的專業性比專業模特兒低得多，年輕貌美穿衣好看就可以了，完全打破傳統上在身高、走秀等方面的嚴苛要求。

成為網紅要面臨多少挑戰？

首先來看看「人」。如果秀場主要針對美顏主播，潮人則更偏重技能達人。YY招募主播都簽了「獨家」，在移動直播領域，主播即競爭力，這無疑是獨有的稀少資源。

所以你必須估量一下自身是否有做網紅的潛質：一張高顏值的臉蛋是前提；其次還得看有沒有一項足夠支撐的優秀技能；再者還得有一顆立志做網紅的心、圈粉的實力以及準備好為其付出的努力。僅憑一張楚楚動人的臉，成功的難度還是比較大的。

網紅由普通人升級而來，還需要找到賺錢的模式——粉絲經濟。一旦確定這是一條可以走向成功的路，經由研究、分析，找到玄機，然後投入資源與網紅經紀公司簽約，開啟一系列炒作和策劃，加上供應鏈的參與開始出售商品，普通人也有可能因此變得不凡。但凡事並非絕對，同樣參與其中，有的人因此成了網紅，有的卻入不敷出，並非所有主播都能賺錢。

再看技術。以ＹＹ為例，為了呈現出極致的內容，除了升級頻寬，從主播包裝到器材，都以體現出賞心悅目的高清效果為標準。ＹＹ一直在攻堅的難題是：用戶在觀看直播節目中無需切換回首頁，直接下拉就能快速切換節目。在動態頁面可以看到以資訊流方式呈現的關注主播的所有新資訊。ＰＣ直播頁面則有自動適應手機螢幕功能。

此外，還支援雙屏直播——連接麥克風的時候，兩個主播可以即時互動。用戶還能隨時參與互動，甚至把自己投入其中——這是一種全新的媒體形態，短期內創新的空間很難遇到瓶頸。

從ＹＹ二〇一五年第四季度的財務報表中可以看到，來自線上音樂和娛樂業務的營業收入為一一．四五〇億元人民幣，比二〇一四年同期的六．七六二億元增長百分之六十九點三。這主要反映了用戶平均收入的增長和付費用戶人數的增長：付費人數比二〇一四年同期增長百分之四十四點五，至二一五．七萬人；每位用戶平均收入比去年同期增長百分之十七點二，至五百三十一元人民幣。

此外，歡聚時代二〇一五年第四季度來自移動用戶的每用戶平均收入，從二〇一四年同期的一百六十二元人民幣，增長至三百八十八元人民幣，增幅為百分之一百三十九。

假設YY的移動直播不走優酷土豆虧損的老路，脫離了傳統視頻網站的廣告模式，而移動直播是靠打賞盈利，那麼YY在移動端重塑自己的江湖霸主地位，更需要靠上市公司的資本後盾和創業公司們競爭。

網紅經濟蓬勃發展，投資人趨之若鶩，這有利有弊，萬眾創新的潮流下，成功的道路沒有一定的規則。網紅經濟作為一種新興產物，缺乏成熟的商業模式，還存有很多不確定的因素。對於自媒體化的網紅而言，持續發展和商業變現將會是擋在面前的兩座大山。

除了高顏值，也要拚實力，其實成為網紅的門檻不低，需要具備各種能力，包括運營自身品牌、提高價值、經由社交平台吸引粉絲、維繫關係、形成供應鏈、產品輸出與售後服務等。

例如賣衣服，錢賺得快，轉化率較高，資本變現能力強，但像暴發戶一樣，利用大紅大紫的時候撈上一筆，根本沒有考慮長效經營的商業運營模式。考慮到店鋪的發展和運營能力，網紅還需要團隊專門打理各項工作，推動品牌的發展。

成為網紅的條件

自身一定要標籤化

在高顏值的前提下，塑造個人的魅力資本，必須個性鮮明，有自己的喜好和獨特的主張，而不是沒有特點的鄰家妹妹，受到正反面爭議的人物才具有網紅熱度。

有自導自演的資本

把當下的時尚潮流、個人的生活方式、不同的場景和自己的粉絲話題等元素組合在一起，並且毫無違和感，這需要有技巧。

培養自身的正能量和親和力

網紅可以把時尚的東西以溫暖的方式在第一時間傳遞給消費者，讓消費者先信任，再接受你的產品。

如今幾個火爆網紅的微博都經營了三年以上，正是有了不少微博的沉澱，才抓到這樣的機會，而他們的產品供應鏈和服務體系並不比任何一個正規品牌的服裝企業差。這個門檻並沒想像的那麼低。那些被認為上不了檯面的模式，被一波看不懂網紅的人用來諷刺網紅是沒有根據的。做得風生水起的幾家網紅店鋪，往往擁有較高的回購率，老顧客忠實的信任，成為網店的強大後盾。

如果到現在還以顏值高、露點多為打造網紅的方式看待網紅，水準就真的太低了。市面上打著所謂網紅的噱頭去幹大事的人，還是不要信為好。

以目前的微博來說，做得好的網紅炙手可熱，各大平台都極力投資爭取。自帶流量且變現能力高，並不是僅僅依靠錢就能做到，像Papi醬這樣的例子並不多，網紅也不是一時興起便能做成的事業。

第二章

從「素人」到「明星」，網紅經濟的崛起

網紅們在自媒體時代風起雲湧，形成各自的領地，各路紅人盡顯招數，經由微博、微信、直播、短視頻或是各大論壇獲取粉絲。網紅一度成為一個貶義詞，大眾對他們經由與眾不同的言行獲得關注度的行為不屑一顧。但是，就在我們對這個群體懷以觀望的態度時，這一代網紅正構築起一股巨大的新經濟力量。

網紅經濟的產生，不是一個偶然的現象，而是一個必然的結果。網紅的快速發展，必然導致網紅經濟的產生。如果說在網紅1.0時代，這些網紅還滿足於粉絲數的增加、粉絲的關注和誇讚；進入2.0時代之後，網紅已經在考慮如何將粉絲的點讚和誇獎變為現金。

網路行銷的商業變現方式

目前最紅的網紅基本分為三類：一類以內容創作為主，經由自媒體、脫口秀等途徑吸引廣告主、影視劇製作方或品牌合作方。

另一類以賣產品為主，一些美妝達人、街拍達人，或者淘寶網紅們自帶變現途徑，可以說是為了販售產品而創作內容。

還有一類是遊戲直播平台的主播，變現來源主要是平台簽約金與粉絲禮物。他們獲得收益的主要途徑是點擊量和粉絲「供養」。為了保證收益，主播不僅要線上與粉絲互動，更重要的是線下要與粉絲的關係維護好。

網紅追求變現，對於他們來說，僅僅在社交平台上擁有龐大的粉絲數量是不夠的，他們更需要一個產品銷售的平台。電子商務的發展，恰恰為這些網紅提供了便利。很多網紅在各大線上平台開設自己的商店，而網上店鋪強大的變現能力，也促成了網紅經濟的產生。

嚴格講，網紅不是一個新鮮的事物。但是，在消費趨勢變化、傳統電商發展面臨瓶頸，以及自媒體快速發展下促成的網紅經濟，卻是在最近幾年才出現。畢竟，實現網紅到網紅經濟的跨越，需要資本和商業模式等方面的配合。電商的快速發展、消費趨勢的變化以及消費者獲取資訊方式的轉變，都促成網紅經濟的產生。

從廣義上說，網紅經濟是粉絲經濟中的一種。它的運作模式是簡單的「前端加上後台」。年輕時尚的達人負責線上店鋪中貌美如花、吸引粉絲、獲得萬千寵愛並維持黏度；網紅背後的後台，則負責整體的運營、產品設計與供應。團隊運作將網紅吸引來的流量變現，讓粉絲心甘情願地「剁手」。原本普普通通的素人，也就在順理成章中成為網紅，並迅速製造出一種經濟現象——網紅經濟。

簡要地說，網紅經濟是以時尚達人為形象、以紅人的品味為主導，經由選款和視覺推廣，在社交媒體上聚集人氣，藉由龐大的粉絲人群進行定向行銷，從而將粉絲轉化為購買力。

當然，網紅讓粉絲心甘情願地掏錢，從而達到變現目的的方式有很多。現如今，大多數網紅不再滿足於單純的線上時尚品味展示。他們有時會更加活躍於線下領域，例如做模特兒，甚至跑通告、演出，都成了家常便飯。然而，在眾多方式中，設立自己的品牌，創造屬於自己的公司，已經成為網紅變現的重要方式。畢竟，網紅和老闆這兩個稱號，很多人還是會選擇後者。

短時間內獲得較大的關注度和購買率、讓個人品牌迅速發展，從而賺取第一桶金的模式，是網紅經濟的最大優勢。但是，僅依靠網紅成就一個品牌並非屢試不爽。因為，網紅只是產生了催化劑的作用，產品能否長遠地發展下去，取決於產品本身的品質。一旦產品出現問題或者粉絲不買帳，再優秀的網紅也拯救不了無人問津的產品。

網紅經濟的前景初探

很多人從網紅經濟的蓬勃興起看到商機，這也吸引了很多投資。時下，大眾創業、萬眾創新的潮流漸起，萬象更新，走向成功將有無限可能。藉由集聚網路人氣創業創新，只要不違反法律都應予以鼓勵。但與此同時，網紅經濟作為一種新興產物，缺乏成熟的商業模式，尚有諸多不確定因素。

首先，投資網紅要承擔很大風險。網紅經濟的實質是粉絲經濟。網紅變現的能力依賴於特定的粉絲群體和他們的黏性、忠誠度、轉化度。而粉絲的不確定因素太多，喜好也時常有變。對投資人來說，這種不穩定意味著投資風險。

如果把網紅當作一個品牌來運營：粉絲沉澱、購買轉化，長尾效應、口碑行銷，再有一些節點性的爆點行銷和事件行銷，再次拉升熱度，吸納新粉絲等活動周而復始。成名吸引流量只是第一步，後續還要有足夠的曝光度，足夠的話題炒作，足夠的精準內容，最後才是足夠的粉絲來變現。

然而，網紅到底是新經濟還是快消品？現在稍微有姿色的網紅都會經營個人的服裝品牌或者淘寶店鋪，絕大一部分原因在於賣衣服門檻低，賺錢快，轉化率高，重複購買率高，資本直接變現的能力強。

這反映出網紅的共同問題是：大多數打算趁自己還紅的時候，快速賺到一筆錢後再改行。這好比暴發戶和企業家的區別，沒有長期經營自身品牌的決心和能力，不變換方式、完善自己推廣方式和管道，這樣的網紅想要長效經營，可能性極小。

從商業模式來講，現階段的網紅經濟並未尋找到規模化的標準商業路徑；從網紅本身講，其中不乏一些人靠炒作和搏出位而紅，想要在關注度上分一杯羹，這些人遊走在行業的灰色地帶，而這種違背主流價值觀的內容也亟待監管，注定不會長久。但凡事都有發展的過程，對於網紅經濟這種新型的商業模式，我們應秉持樂觀的態度。

全新的電商現象

在第二屆世界互聯網大會「互聯網技術與標準」論壇上，阿里巴巴集團首席執行長張勇（花名：逍遙子）說：「年輕一代對於偶像，對於同好者，對於明星的追逐，產生了新的經濟現象，我想這個是全球範圍內獨一無二的，這些網紅一族不是大明星，完全是基於互聯網群眾產生的。」

在張勇看來，網紅經濟是一種全新的電商現象，網紅藉由自己在粉絲中的效應，將製作商、銷售者和消費者緊密連接。不僅如此，設計者和服務者也融入其中，形成了一種全新的連結，展現了互聯網全面融合的無限活力，這是網紅經濟時代的新模式。這一個從淘寶產生的網紅經濟打造了許多電商奇蹟，成為一種全新的電商現象，已經被很多像張勇這樣的人看好。

據估計，網紅經濟市場的規模已經超過千億元人民幣。在如此龐大的市場規模中，電商、打賞、廣告、線下活動和付費服務，成為目前網紅變現的主要方式。走過粉絲吸附、大量擴張與沉澱三個階段，網紅社交資產慢慢形成，在「內容生產—行銷推廣—粉絲維護」的過程中，這些社交資產將逐步變現。

現階段，網紅主要經由平台電商、社交電商、廣告、付費等方式直接在社交平台上獲利。無論是在淘寶電商、新浪達人通、微賣小店，還是經由線上吸附粉絲、線下導入業務，這些變現模式都與國外的網紅有細微的區別。

中國的運用模式基本是股份制。比如，投資一家網紅服裝電商，當年收益若是上億元人民幣，基本不會留有庫存，利益分配包括百分之四十的毛利潤率和百分之三十的淨利潤率，另外百分之十的費用則包含約百分之六點五的運營費用、百分之三的行政費和百分之零點五的流量行銷費用。

最後的利潤和網紅平分，當然也有股權上的合作。未來，隨著網紅職業人的出現，會有更多的投資商加盟或股份合作，實現利益共用。國外的網紅通常在Youtube和Instagram兩個活躍平台上發布多以圖片和視頻為主的內容，他們與電商的合作模式多為分享股權，而非銷售分成。

網紅經濟的本質其實是粉絲經濟、眼球經濟。網紅經濟是實體經濟遇上注意力資源產生的化學反應。在資訊發達的網路時代，網紅經濟的產生是一種必然，因為這十分契合用戶消費心理的個性化需求。

相比傳統經濟，網紅經濟的運作就像做速食泡麵一樣，程式簡單而且高效！

網紅創業，收入驚人

最近頻頻登上頭條的網紅雪梨，本名朱宸慧，大三開始和同學一起創業開淘寶店，不到一年達到皇冠級別。如今，她的淘寶店已是金冠級別。

雪梨可以說是典型的淘寶網紅，自己開店、自己做模特兒。當然，你可以對她被疑整容的照片不屑一顧，可以對她時不時炫富、曬名牌包包的行為嗤之以鼻，但不能忽視店鋪的驚人銷量。

淘寶提供的後台資料顯示：二〇一五年，雪梨的淘寶店到八月，有評價的成交量是八十七萬三千三百三十一筆，所售產品平均單價在人民幣兩百二十元到兩百四十元之間。也就是說，到目前為止，雪梨的淘寶店已經至少有兩億元人民幣的銷售額。據淘寶相關負責人介紹，服裝零售的平均利潤率能達到百分之四十五以上，「如果到二〇一五年年底，加上買完衣服沒給評價的成交單，由此推算，她二〇一五年淨賺十五億元人民幣沒有問題。」

曾經紅極一時的芙蓉姐姐，每次出現在大眾面前都被吐槽，如今她成功瘦身，還出了寫真，商業活動出場費飆升到十五萬元人民幣。她演話劇、演電影、做主持人，推出「女神手機」，如今已創立自己的傳媒公司，忙於走秀和拍微電影。

她計畫將來投身美容美體行業，產品是自製的養身湯和健美操。她說正是這兩種產品，讓她在不用節食的情況下減肥成功，變得更美麗。她還在尋找願意為健美操投資的商家，自己則以品牌入股。有人估算過，芙蓉姐姐的品牌價值將會有上億元人民幣。

因各種雷言雷語層出不窮、開出令人咋舌的高標準徵婚條件，被網友戲稱為「宇宙無敵超級第一自信」的網紅鳳姐，不僅去了美國，還跑到美國中文電視台應聘，被美國官方電視台請去做專訪嘉賓，並登上美國《人物》週刊。接著又憑藉高智商，成為鳳凰網用戶端的簽約主筆。二〇一五年四月二十日在微博宣布融資一千萬元人民幣創業。

前不久，天王郭富城交了一位網紅模特兒女友的消息，將「網紅」這個詞再度推向輿論熱潮。這個出生於一九八八年的上海姑娘方媛，公布戀情後馬上在微博上發布淘寶店連結，儘管事後澄清並非她的自營店鋪，但也為她發布的淘寶店鋪增加了不少關注。

網紅正在以自己的方式走出一條全新的產業鏈：她們在社交媒體上「演出生活」從而擁有眾多粉絲；她們經營的網店收入不遜於一線明星；她們拍廣告、做代言，圍繞網紅的商業價值甚至催生了一種名為「網紅孵化器」的公司。

網紅創造經濟價值的一般方式是：經由社交平台塑造自己鮮明的形象，經由「故事」聚集大量粉絲與之互動贏得信任，接下來就是開店，形成品牌，將粉絲轉化為購買力。

網紅經濟的時代背景

在過去，傳統明星只能靠電視媒體包裝成名；如今的網紅卻是互聯網運營的產物。與傳統媒體「中心化」的造星方式有很大差異，網紅的製造不需要等待星探發現，也不需要專業公司的包裝，通過一系列社交達人平台，每個人都有機會獲得粉絲，成為網紅。這種「去中心化」的方式使互聯網網紅群體大幅超過明星群體。

資料顯示，美拍上超過百萬粉絲的網紅已達數十人，微博和微信的重要角色更是一個龐大的數字。有些明星一夜之間從沒沒無聞成為眾所周知的網紅，從素人到明星的蛻變，是互聯網時代給予平民最大的實惠，它為任何一個普通人創造了無數種成功的方式。

講究個人化標籤的時代

現在已是網紅即明星、明星即網紅的新娛樂時代。明星數量正在爆炸式增加，粉絲被瓜分到一個個部落。這生動反映了長尾理論：「我們的經濟和文化正在從為數較少的主流產品和市場，向數量眾多的狹窄市場轉移。」注意力被稀釋了，四大天王這類家喻戶曉、老少通吃的明星不會再出現了；你有你的明星、我有我的明星，這才是主流。

這不是一個注重平台的時代。過去大家都有去大平台工作的心態，因為平台即形象。而現在大家看中的是個人標籤化，無論在哪個平台，都會有大量粉絲關注你。比如在影視行業，有影響力的總是單個演員，甚至導演，他們在整個鏈條中的定價權更高。這些年卻有大量演員開起了自己獨立的工作室，充分讓自己享受ＩＰ變現的價值。這也是為什麼中國的網紅經濟價值特別大的原因。

這主要是互聯網和社會結構的巨大變化造成。沒有互聯網的時候，資訊的傳遞主要依靠平台和品牌。在每一個細分領域都會有幾個強勢的品牌。而中國人受益於過去二十年GDP的高速增長，收入大幅提高，無品牌化消費轉向有品牌化消費。

小到每天菜場買的水果和肉類，大到家裡的家電、穿的衣服等，人們都希望買好牌子的東西。而我們總覺得好牌子的品質會比差牌子的更好、更可靠。但有了互聯網之後，人們對產品的認知過渡到依靠個人IP做產品品質的衡量標準，如果某網紅的穿衣品味被人認可，那很大一部分粉絲會購買他推薦的衣服，從而獲得很高的認同感。當然還有很多KOL（Key Opinion Leader，主要意見領袖），大家跟隨他的觀點，也是基於對其專業能力的信任。

網紅經濟讓素人變明星

在網路資訊繁雜的今天，網紅無疑幫助粉絲們過濾掉很多無效信息，所以互聯網的崛起，是單個IP崛起很重要的前提。「互聯網＋」時代，「帝國」

開始接手網紅，孵化出無數張錐子臉。從素人到明星，這個時代是好是壞，讓我們來逐一揭曉。

◆二〇〇二年那個紅極BBS時代的芙蓉姐姐，便是一個普通人在陳墨這個網路推手下成為網紅的經典案例。芙蓉姐姐走紅三個月後帶來的流量變化，推動了天涯獲得五百萬美元的高額投資。

◆而後出現了一個叫作「轟你來」烤白薯的網紅，打著賣烤白薯給「好看的人」的旗號，這是「轟叔」想引流粉絲進行消費的一個項目。「我當時想創業，烤白薯成本又低。」轟叔說，「我是想往減脂、塑身方向走，烤白薯很逗樂嘛，是一個梗，投資人會覺得很有意思，便會拿出錢來做。」據轟叔說，投資者是一個朋友的朋友。

這就是所謂的互聯網思維代言人，帝國時代之下遊走的轟叔是否掌握了方向，沒有人知道答案，但我們都知道，帝國開始抱團掌控網紅們的方向。二〇一五年八月下旬，淘寶首次提出網紅經濟的概念，並提出賺錢的新思路：利用淘寶，建立網紅孵化器，培養網紅，增加粉絲流量，促進網店銷售。

網紅如今已形成只要明星稍微不參與社交平台，就會被粉絲邊緣化的境地，所以明星扎堆轉型互聯網已成趨勢。明星和超級ＩＰ成為互聯網內容輸出的主要承擔者，內容草根的能量就會被極大地削弱，再加上各種政策——廣電總局對網劇的嚴加把控等，內容草根承擔著巨大重任。

當初內容草根之所以能夠呈現百花齊放的姿態，主要是環境比較寬鬆，壓力比較小，只要能製造爆點，就能當成賣點名利雙收。以最容易出名的網路自製劇來說，《萬萬沒想到》《屌絲男士》《極品女士》《廢柴兄弟》等劇碼捧紅了非常多素人，也讓草根內容成為互聯網內容的重要組成部分。

但是最近《太子妃升職記》和《上癮》被禁播後，內容草根表示：「很受傷，很生氣。」原本挖空心思製造的爆點，卻被下架了。

網路文學同樣如此，雖說不同自製劇管理那樣嚴格，但是點擊率、閱讀量等，都掌握在大神手中，和娛樂圈明星一樣，對普通人形成了明顯的壓制。

如果真的想從一個普通人變成明星，在互聯網環境的改變前提下，必須要花點心思。

◆網紅3.0時代，網紅經紀公司會更青睞先在優酷、土豆等互聯網平台上獲得高人氣的普通新人，有人氣，說明他們能夠真正滿足需求。

◆訂製專屬網路綜藝節目，抓住核心用戶。作為中國第一個誕生於互聯網平台的大紅組合，TFBOYS把網路的力量發揮到極致。他們的每一步都有互聯網的痕跡，最典型的例子是：他們在出道兩個月內便做出了《TF少年GO》這檔網路綜藝節目，每週一集，由幾個固定模塊的子欄目組成。時代峰峻作為經紀公司，不僅做了基於網路平台的定製節目，還通過內容設計讓四葉草們幾乎每期必看。

◆推出多元化互聯網產品，輪番轟炸。用戶可以在網上找到時代峰峻為TFBOYS推出的各種產品：視頻、音訊、動畫等。輪番轟炸的形式，讓粉絲們隨時能各取所需。

在其火速占領網紅市場的背後，是互聯網造星時代的來臨，以及粉絲經濟的重塑。迎合時代去塑造適合網紅時代的普通人形象，無論是內容草根還是形象草根，探索出一條被關注的、適合時代發展的路子，普通人也會成為明星。

移動互聯網時代的網紅經濟

隨著時代的發展，物質生活越來越豐富，年輕人越來越崇尚個性、獨立，不受傳統規則的束縛，有強烈的表達和成名欲望。平民文化盛行的當下，出現了大批美麗、個性的網路明星。

而電子產品的普及和智慧手機的升級，各種美拍技術越來越精緻，發布美圖和視頻直播變得容易，人人都可以分享自己的日常生活，人人都可以隨時隨地直播，這意味著每個人都有成為網紅的可能。

商業模式也在逐漸成熟。網紅聚集了大量粉絲後，可以經由電商、廣告、打賞、付費服務和線下活動變現，商業鏈條比較完整。資料顯示，目前網紅經濟市場發展樂觀，短期內行業或將加速擴張。可見，網紅市場有著非常廣闊的前景。

目前，網紅經濟已經初具規模。從淘寶網紅到電競主播再到移動視頻，網紅經濟衍生的產業鏈越來越長。從資本市場角度看，至少有服裝類電商平台、視頻直播平台、電子競技及美容醫療板塊，可能會受益於網紅經濟。

網紅的出現改善了目前供應鏈效率較低，以及客戶精準行銷的問題。從供應鏈端，網紅作為一個重要的引導者，通過其自身對時尚潮流的理解和把握對接供應鏈廠商，向粉絲主動推薦經過篩選的服裝款式，增加粉絲的購買率，提高供應鏈生產效率，緩解了庫存高、資金周轉慢等問題。

網紅經濟的隱憂和問題

雖然網紅經濟已初具規模、逐步形成產業鏈條並受到投資方和網民青睞，但前景並不十分樂觀。網紅的火紅依託於其獨特的個性和明星的個人特色，過於商業化後，不一定還能保持以前的獨特性和風格，也不能保證網民是否會被其他新事物吸引。

網紅實際上是「快消品文化符號」。每三到五年就是一個網民反覆運算期，由於每代網友的喜好不同，網紅可能只是「短暫火紅三、五年」。網紅經濟能否形成持續的商業價值，仍需具體情況具體研究。

同時，網紅走紅的基礎是特定的粉絲群體，而獲取粉絲的根本，則是個性鮮明、持續穩定的優質內容。縱觀那些大紅大紫的網紅大咖們，以自稱「集美貌與才華於一身」的Papi醬為例，能夠從此前單純拚顏值的淘寶店網紅中脫穎而出，正是憑藉其對社會現象的精準分析和表達，在粉絲心中激起強烈共鳴。網紅要紅得持久，必須具備既持續穩定又新意迭出的創作能力。

此外，不少網紅傳播的內容嚴重脫離主流價值觀。網紅經濟仍處於眼球經濟階段，一些網紅為了增加粉絲數量和黏性，利用不雅、低俗的話語和行為搏出名，這與社會風氣和主流價值觀有明顯衝突，將受到大部分人的抵制以及監管，這種行為本身有一定的風險。

雖然投資方幾年前就開始關注網紅，但由於粉絲熱情的持續時間短、發展面臨不確定，還沒有投資方會大規模投資。由於變現管道相對有限，網紅經濟熱度有待進一步觀察。目前，除了服裝行業、網路直播和廣告等領域，不少網紅變現平台並沒有真正獲利。

淘寶平台孕育網紅經濟

經濟學家認為，網紅經濟的興起是必然的。這得益於淘寶平台的開放性，使網紅們有了開設淘寶店、將人氣變現的機會。

根據淘寶平台提供的資料，紅人店鋪的女性用戶占百分之七十一，其中更是有百分之七十六為十八到二十九歲的女性用戶，集中在上海、北京、杭州等一線城市。網紅們選擇淘寶平台的原因，不僅僅是因為淘寶是全球最大的網購平台。以淘寶店主張大奕日常新品上架為例，第一批五千多件產品在兩秒鐘內就被顧客「秒光」，熱銷狀況如同「雙十一」，所有新品在三天內基本售罄。短短三天時間，這個漂亮女孩便完成普通線下實體店一年的銷售量。如此特殊的峰值銷售，也只有經歷過多年大促考驗的淘寶平台才能夠承接。

另外，淘寶生態無限可能更是深深地吸引了網紅們。網紅們深植於淘寶平台這塊土壤，未來還可以發展得更好。據淘寶工作人員介紹，淘寶平台將為網紅店鋪提供一系列支持和幫助，專門配合網紅店鋪的產品也正在研發。

此外，平台還將通過iFASHION頻道、星店、淘寶達人等產品，讓更多人瞭解網紅店鋪。淘寶還會組織網紅店鋪和「中國製造」廠商之間的洽談，以達到強強聯手的目的，實現網紅經濟與實體經濟的進一步對接。

2015年淘寶女裝品類中國網紅店鋪排名靠前

排名	店 鋪	排名	店 鋪
1	戎美	11	ALU
2	張大奕	12	MALI
3	毛菇小象	13	笑涵閣
4	CC皮草	14	茉莉雅集
5	小蟲米子	15	妍兒家
6	大喜	16	vcruan
7	于MOMO	17	林珊珊
8	dimplehsu	18	云上生活
9	LIN	19	BOB
10	MIUCO	20	Titi小靜

數據來源：淘寶，國泰君安證券研究

網紅店鋪的盈利能力較強

網紅	淘寶店鋪情況
張大奕	知名模特，微博網紅張大奕擁有377萬名粉絲，其淘寶店鋪上架新品，其當日銷售額常常是淘寶女裝類目的第一名。
雪梨	據淘寶後台數據顯示，截至2015年8月份雪梨的淘寶店當年有評價的成交單超過87萬筆，產品單價在220元～240元人民幣之間，銷售額超過人民幣2億元，按照服裝零售50%的利潤率全年可淨賺1.5億元人民幣。
趙大喜	大學時開始網店，每天花大量時間在微博與用戶互動，挑選受歡迎的款式打版投產後上架淘寶店，2013年畢業後她已經擁有一個100多人的工廠。
張林超	張林超開的紅人店鋪LIN家，在2015年4月的一次上架新品中，僅僅一分鐘就有數萬人進店搶購，15款新品現貨被搶購一空，平均客單超千元人民幣。
金怜佳	簽約莉家後粉絲迅速擴張，供應鏈得到改善，店鋪年銷售額少則百萬元人民幣，多則過億元人民幣。

數據來源：中國經濟網，站長之長，國泰君安證券研究

哪些行業會受網紅經濟影響？

電商可以利用網紅引導消費時尚

一般來說，做電商的店家都會有自己的目標群體。然而，不管這家電商如何火紅，卻無法引領消費時尚，尤其是服裝行業類電商。但是，網紅加入後，情況就有所改觀。因為每個網紅都有自己的一群鐵粉，他們對於這些粉絲極具影響力。網紅的一招一式，甚至服飾習慣，都可以成為粉絲模仿的對象。

比如，前段時間火爆的重慶雙胞胎姐妹——嗆口小辣椒，經由部落格展現自己的生活，突然紅了起來。只要她們買過的東西，很快就會被人跟風買到斷貨；她們每發一個帖，都會吸引上百萬人點擊跟帖；她們隨手拈來的網路日誌，則成為無數上班族的穿衣寶典。

姐姐Viviandan、妹妹Miumiu以甜美熱辣的時裝搭配風靡網路，真誠又謙虛的性格贏得無數辣椒粉的支持，只要是她們身上穿的裙子、牛仔褲、披肩，在網上都會被很多網友熱捧與分享，姐妹倆還被眾多大品牌邀請站台和代言。

網紅為美容、減肥行業注入新的活力

對於廣大愛美的女性來說，美容和減肥永遠是不變的話題。在符合廣大群眾審美的情況下，網紅的臉型和身材自然是眾多粉絲追捧的對象，這也為美容和減肥行業帶來不少商機。例如興起的鄭多燕減肥操，幾乎每個女孩子晚上都在用她的視頻練習。

視頻直播平台與網紅互蒙其利

Papi醬的爆紅，其實也跟短視頻UGC井噴式發展有關。視頻直播平台利用自己的平台及流量，為廣大的大眾群體打造舞台，捧紅一個又一個網紅；當大眾認識了網紅，又為直播平台吸引了更多用戶。網紅與網絡平台逐漸形成相互依存，共融共生的狀態。網紅是一種全新的經濟形式，網紅的發展是粉絲經濟的最大體現，同時也是粉絲紅利的體現。它正以強大的活力影響著我們的生活，並為經濟注入新鮮的血液。

第三章

繁榮與隱憂，網紅經濟的持續發展機率

一個迅速擴延的新行業

網紅時代的到來，既是對潮湧而來的新媒體的順應，更是對傳統傳播管道的脫魅。網紅實際上是資本決定論和互聯網風口論的產物，由網紅帶來的商業變現升級，必將催生出更多特徵不一的網紅，以及聚焦網紅經濟的風險資本。發一條微博可獲得上萬元人民幣廣告費，上千萬元人民幣的風投，開網店年總銷售額過億元人民幣……，這些令人咋舌的數字，便是網紅創造的商業奇蹟。

有資料統計，截至二〇一五年年底，中國大大小小的網紅人數已經超過一百萬人，相當於一個普通地級市的全部人口數。無論身在何處，我們隨手翻翻微信朋友圈，就能看到這種新業態的跡象。

在蘇州，我們也不難窺見這一迅速衍生的新行業。江蘇有個叫孟琦的女孩，二十六歲的她，在網上看到一個叫lulu的美妝部落客定期推送的微信視頻，視頻中，lulu會教大家根據不同場景塑造自己的妝型，還會對比不同化妝品的好壞。

從那以後，孟琦開始化妝，並且每期持續看。很快lulu的方式得到認同，看過視頻的人大多會買lulu推薦的化妝品，不再去門市，而是經由互聯網微信平台挑選自己喜歡的產品。

另外還有一個姐姐張，媒體行業出身，成為朋友圈的活躍人物後，也具有一定影響力。有次公司活動，需要用網紅舉行現場簽售，結果人氣出乎意料的爆滿。姐姐張也因此有了很多粉絲，她還利用網紅的號召力為受傷男孩籌集手術費。

利用社交平台為社會集資，發動獻愛心也可以如此簡單。互聯網已經深入到生活的本質，我們離不開它，它也不能缺少創業者們源源不斷的活力。

注意力經濟將被迅速仿效

在互聯網時代，傳播能力本身代表了流量，將流量轉化成商業變現，這便是傳播運用於商業的最好詮釋。網紅經濟僅表示以「網紅」為工具的變現模式和變現能力，與國民經濟、資本經濟等常見詞彙中的「經濟」不是一個概念。

我們應有超越商業本身的社會學思考。基於流量的商業變現是基於注意力基礎上的商業變現，乃至於羅振宇的人格魅力變現，其實核心都是注意力經濟，與人格魅力無關。

真正的人格魅力是經過實踐和歲月的磨礪所造就。很多網紅外在高雅、吐槽或炫富的形象，內在的性格邏輯也具有一定的價值觀。傳播就是傳播，商業就是商業，極致的個體形象和言論，是符合傳播學理論的，不可否認這種現狀正存在著並被很多人所接受。

商業運作模式更切合新一代需求

網紅經濟的快速到來與當前社會快節奏的生活有關。市場正在高速運轉，驅使大眾快速享受娛樂、放鬆心情，極度需要對傳統文化認知去魅，而不是言傳說教。

與此同時，微博、微信、短視頻、直播平台等日漸興起，為各種自媒體提供了豐富的展現機會，各個網紅借助平台資源力量成功崛起的可能性迅速增加。網紅經濟的興起與近年來各色奇葩綜藝節目的走紅，其內在邏輯是相通，甚至是一致的。

網路紅人的出現，圍繞網紅發生的商業盈利模式也會逐漸浮出水面，這就是由網紅帶動的網紅經濟。大量粉絲成為資本，而資本決定論的以資本的喜好跟風和投資傾向為轉移則意味著，獲取資本的青睞從而變現成為唯一目的，傳統價值觀中的道德、使命、意義等將被視為糞土。

縱觀網紅的幾段經歷，他們都被賦予了負面含意。此前，郭美美、鳳姐更多是被人嘲諷和鄙視的笑料，並沒有成為效仿和追捧的對象。

今天的網紅人群更為廣泛，從各大女主播到網店業主，大多數人紅起來也是靠大膽裸露、充滿性暗示的影像或圖片吸引粉絲群，還有一類人是利用無底線的言行引爆輿論場等。網紅多少傳遞了一些扭曲的價值觀，但依然有很多人在效仿，當然也有部分是以賣文化知識產業賺取收益。

儘管如此，在很大程度上，許多民眾對網紅在名氣和金錢上產生了共生性的依賴，此種依賴可以彌補現在社會上眾多人缺失的安全感，人與人之間需要強烈的認同感，這讓網紅的存在具有強大的市場需求。

二〇一六年一月，一份調研報告指出，一九九五年至一九九九年出生的「九五後」總量約為一億人，從出生就與互聯網為伴，與八〇後相比，可謂是移動互聯網的原住民。

業內人士指出，以「九五後」為代表的青年，是移動互聯網和網路社交平台最重要的用戶，這類年輕的一代為網紅的成長，提供了社會基礎。

網紅經濟是融入互聯網世界的新業態

上班能藉由網路跟別人一起叫車共乘、在家能看病、一條微信登門洗衣、上門烤全羊……，滑動指尖，跟隨網路紅人的步伐，減少資訊的挑選時間，找出自己滿意的服務，從側面來說，網紅經濟是引導我們的生活更新業態化，被稱為「網上一代」的我們，正享受著來自互聯網無微不至的「呵護」。

網紅加入互聯網經濟勢必會引起推波助瀾的作用，優質的東西禁得起時間的推敲，曇花一現的事物，往往在剝離任何形式上的東西之後，內容的好壞決定了其生存的期限。

網紅經濟的可持續發展

網紅是近幾年興起的現象，由網紅帶動的網紅經濟則是二〇一五年才逐步形成的一種新的商業模式。作為商界衍生出的一種新生事物，全社會理當給予足夠的包容。只有在一個理念開放和商業規範的環境下，網紅經濟才能走得更遠，湧現出更多順應經濟發展新形勢的商業形態。

互聯網商業時代，只要買東西就一定逃不出網紅模式的宿命。在傳統產業被迫與互聯網融合的情況下，不能單純依靠「賣產品」的思維，而陷入網紅模式的魔咒。

雖然網紅經濟迎來爆發式增長，但一時的繁榮並不代表此類新業態可以一帆風順。任何風口的形成都會有投機泡沫的存在，「無泡沫不歡」是很多曇花一現的互聯網經濟現象的共同特徵。

網紅經濟的發展阻力

事實上，網紅經濟必須克服的最大難點是：可持續增長和規模化發展。雖然能否將受眾的好感度轉化成消費率是網紅內容以外的功夫，但是缺乏踏實的內容創作，會成為網紅經濟持續增長和健康發展的最大絆腳石。

當今社會，人們使用資訊工具的效率和資訊傳播的速度日新月異，粉絲的無厘頭追捧也在回歸理性，在這種情況下，網紅內容很難殺出重圍，成為真正持續盈利的網紅經濟。

近日，火爆一時的新聞應用Circa宣布關停。它曾經是一家創業型新媒體公司，擅長標新立異，當互聯網媒體市場充斥著眾多大而全的新聞用戶端時，Circa則做起小而美的App打動用戶群體。切準市場要害、扣緊市場脈搏，造就了一時的脫穎而出，但很快用戶就會發現，其實它與主流媒體沒有太大差異，並不是什麼特例。

產品爆發後如何長線運作，是困擾創業新媒體的難題。許多新媒體能做到的僅僅只是吸引而非留住用戶，對於自媒體的網紅而言，道理同樣如此，持續發展和商業變現將是擋在前面的兩座大山。

網紅想要實現經濟變現，維持生存，滿足用戶不斷提高的期望值，持續性產出好的內容，並且滿足甚至超出用戶的期望值，將會是巨大的挑戰。對於視頻網紅來說尤其如此。

拍一個短視頻容易，但要圍繞主題持續生產就困難得多。因此，團隊的策劃能力、配套的製作能力都很重要。網紅經濟的可持續發展，對網紅們提出越來越高的要求，同時檢驗著各類型網紅的壽命週期。

如何延續網紅的生命週期？

做足刺激源的更換工作並升級

首先從心理學方面分析：任何外部刺激，最終都會被「適應」（也就是讓人無感）。人之所以產生審美疲勞，無不源於一個經典的心理學概念——刺激適應。

比如，每天打你一拳，你當然很不爽，但是連續打了一年後，你就不會感覺到不爽了，它變成你生活的一部分，沒有感覺了——這是刺激適應最通俗易懂的解釋。

作為人，你只能接受這樣的心理變化，任何讓人欣喜的事情，比如金錢、升職或者美食，都只能提供短暫的幸福感。說到網紅經濟就更是如此，沒有個性化設計、沒有新鮮的刺激內容，談何可持續性？

網紅經濟必須轉型、不斷升級，才能找到可持續發展強有力的突破口。網紅加上個人設計師品牌的大力推廣，直接贏得消費受眾的喜好，從而推動了品牌價值、個性設計和運營管道等多方面的內在變革。所以，網紅經濟必須變革創新、回歸理性、殺出重圍，成為真正可持續盈利的經濟模式。

例如，《羅輯思維》的運營模式就是在知識電商的大方向上，投入全部資源，做好每一個專案、每一段語音、每一篇文章、每一場演講，每一次都全力以赴，做足內容和形式的新鮮感，團隊的用心為《羅輯思維》帶來巨大的經濟收入。

再者，《羅輯思維》很懂得節制。以羅胖為核心，從甄別、篩選到生產，留下了最有價值的知識產品，並且是全網獨家，稀缺性和價值性都能保證，溢價也有了。在擁有如此巨大客戶資源的前提下，依然保持著敬畏和節制，這是很不容易的。

同時，《羅輯思維》真正為粉絲著想，挑選書的內容和品質都很好，省去粉絲挑書的成本，從而獲得很多忠粉。持續性運營對《羅輯思維》來說，根本不是難事。

偉大的公司從不遵從用戶的習慣，羅振宇從央視出來，總是選擇獨特的路徑與形式，用高舉高打的方式，雖然並不保證每個人都能看得懂，但這種取捨，卻成了「羅輯思維」的符號。一個堅持每天早上六點推送語音的胖子，如果不間斷發了幾年，就像某某街有家賣滷肉的店，我們提起它都是：「門口排了好長的隊。」從某種意義上講，我們真的還會再關心他們家的滷肉嗎？做別人堅持不下去的事情且以獨特的方式進行著，本身就已經在網紅經濟時代站穩了腳跟。

讓網紅工具化，實現利用價值

一個東西如果想要持續存在，必然要讓自身變成日常生活中無法被取代的工具，實實在在的用途與很多只能「提供直接的感官體驗」有清晰明瞭的界限。在ZEALER創始人王自如的手機測評視頻節目登錄媒體之後，就滿足了該需求的「工具」，體現實用性。

很多網紅其實都只是在提供感官體驗，被工具化的少之甚少，我們知道，用戶總是先想到某件事情或某個情景，才會聯想到一個品牌。例如先感覺到辣的吃太多，要上火了，才會進一步聯想到：「喝加多寶降火」，正是源於廣告詞的朗朗上口和貼近一般人生活，才會脫口而出——「怕上火，喝加多寶」，其中的怕上火感受，便是加多寶植入的「觸發器」，每次當用戶產生這種感受，便第一時間想到加多寶。

把你的觸發器變為來源於用戶的某個任務，而不是你自己，就說明你已經把自己「工具化」。網紅如果想在互聯網時代永垂不朽，就必須具備能夠解決任務的能力，立於不敗之地並不是因為它可以帶來源源不斷的感官刺激，而是因為我們在另一件任務上需要它來說明完成。經由發揮事物的「工具屬性」，造就網紅的可持續發展。

讓用戶主動做出內部刺激反應，降低審美疲勞

讓客戶由被動接受到主動瞭解資訊，從而得到回饋並形成的內部刺激，遠比外部刺激。（在沒有主觀能動性的前提下得到的回饋，例如：工資更不容易形成「刺激適應」。）

作為網紅，如果只提供用戶某種外部刺激，多數人都非常容易產生審美疲勞，但如果促使他們主動做一些事情，並且給予回饋，性質就不一樣了。

所以，網紅不僅要向用戶施加刺激（無論是愉悅感還是搞笑），最好還要引導用戶主動做出努力，以得到「內部刺激」（比如經常被使用的抽獎換積分升級）。

總之，在創造內容方面，網紅要做的不是單純給使用者提供產品，而是策劃各種活動，刺激他們實現自己的目標。

至於任何事物發展的可持續性，天底下沒有永遠動機一樣的商業模式。騰

訊到今天都是戰戰兢兢，馬化騰每個晚上也都在思考未來。可持續性通常不來自於模式，而來自於運營團隊，對一件事情的持續投入和反覆運算精進，產品爆紅之後，還需耐心。相信用對方法，總會找到可持續發展的道路。

急需道德標準的商業模式

百度發布的「九五後生活形態調研報告」指出，一九九五年至一九九九年出生的「九五後」，總量約為一億人，他們從出生開始就以互聯網為伴，與「八〇後」、「八五後」相比，「九五後」是當前最親移動互聯網的一代。

他們在網上最愛做的是點讚、分享、評論和吐槽，最認同當下互聯網上流行的宅、逗比、呆、高冷等流行價值觀，追求敢想、敢說和敢做，注重娛樂和社交，熱衷於彈幕和美顏，聊天必備「表情包」。

業內人士指出，作為移動互聯網和網路社交平台最重要的用戶，以「九五後」為代表的青年一代所具有的這種心態，為網紅的成長提供了社會基礎。

網紅是自媒體時代活躍在網路世界的明星，他們的出現改變了我們這個時代的「造星機制」，成名的門檻降低了很多。

網紅不必受傳統規則的約束，有個性、敢出位，成了揚名的基本條件。網紅不需要他者來界定和賦予權力，他們需要面對的只有使用者，這也是互聯網對社會更深刻的平面化影響。

網紅的商業模式如何形成？

網紅從詞義上看並無褒貶，但「網紅」經歷的幾個階段卻將其賦予了負面含意。此前出現的郭美美、鳳姐這一類型的網紅，大多是被人嘲諷和鄙視的笑料。

如今的網紅，包含的人群更廣泛，從國民老公王思聰、到喜獲資本青睞的Papi醬、再到直播平台的網路主播，都可被冠以網紅之名。

一項調查發現，百分之七十六點二的受訪者認為，現在有很多追捧網紅的人，絕大部分受訪者對網紅的評價都是「搏上位」、「騙子」、「庸俗」和「沒有節操」等貶義字眼；百分之四十點五的受訪者覺得網紅是搞粉絲行銷、賣低劣品的淘寶賣家。縱觀社會亂象，逐步看出網紅們傳遞的是一種扭曲的價值觀。

即使如此，「網紅」依然成為眾多年輕人效仿的榜樣，年輕人期待「一夜成名」和瞬間擁有大筆財富的驚喜。這導致眾人以少數人的成功作為範本，每個人都想成為他們的複製品，並在模仿他們的道路上一去不復返。

網紅經濟快速發展的隱憂

觀眾人數造假，網路吸金成騙局

二〇一五年九月，原WE隊員微笑在鬥魚TV直播時，顯示的觀看人數超過十三億人，這樣龐大的資料，意味著全中國人民都在同一時間經由網路觀看微笑直播。當人們還在驚歎這個資料時，有消息爆出，鬥魚TV為每個直播房間的觀眾人數都設置了不同的倍數增值，這無疑是一種詐騙行為。

主播打擦邊球，情色裸露難以監管

每個直播平台播出的內容不甚相同，部分並不適宜大眾觀看，比如軟色情擦邊球甚至成人影片，雖然直播平台大多數時候會及時處理，但依然造成了不良影響。何況，平台無法把控主播的素質，有些人員經常發出不當言論，對觀眾造成錯誤引導。

平台之間惡意競爭，導致市場混亂

各大平台之間的惡意競爭，導致主播身價虛高。二〇一三年頂級主播身價大約為人民幣二十萬元至三十萬元，如今最高達到了人民幣三千萬元，千萬簽約金已經遠遠偏離主播的真實身價。遊戲直播平台便是行業內惡意炒作的產物，一旦一家平台挑起挖角大戰，其他家只能無奈跟進。

主播成名有技巧，各種炒作催生產業鏈條

目前存在的網紅孵化公司、網紅培訓中心，就是利用這個產業鏈條創造出

一個個網紅。平台、金主、主播則是以各種炒作、砸錢、詆毀對手等方式，使自己的節目得到更多的認可和推薦。

網紅經濟飛速發展，還需道德校準

目前有大量網紅以意見領袖或行業達人的身分長期活躍在微博、微信等各大社交平台上，他們分布在遊戲、動漫、美食等各大領域，比如，Papi醬、寵物網紅「回憶專用小馬甲」、美女網紅張大奕。憑藉一個帳號就獲得巨額融資，這些實例說明網紅實現商業變現的可能性很大。

如今，網紅們藉由擴大自己的影響力一步步實現商業變現，方法也越來越多樣。除了通過樹立自身在互聯網的傳播力和影響力而獲得廣告收入，還有很多其他途徑。

第二種是在擁有大量粉絲的基礎上，經由經營自己的淘寶店獲利。有大批網紅在社交平台獲得關注後，轉戰淘寶平台。

據淘寶平台公布的資料顯示，截至二〇一五年八月，淘寶已經有超過一千家網紅店鋪。這些網紅在社交媒體中累積的人氣，一下子在淘寶爆發。就在去年的雙十一，一些實力強勁的網紅店鋪成績非常可觀，僅僅三十分鐘，收入就破了百萬元人民幣。

此外，還有一些網紅來自於使用者眾多的網路直播平台——任何人都可以在註冊後成為直播平台的主播，主播通過PC或移動端與網友即時分享自己的生活和想法，並以彈幕的形式與網友即時交流。

用戶在直播平台購買虛擬貨幣為喜愛的主播打賞，購買虛擬貨幣的金額，再由主播與平台協商分成。這其中不乏大批急功近利的人，為了獲得更多粉絲量和關注度而劍走偏鋒。

為了成為網紅，一些人突破底線，炫富、色情等內容隨之成為監管的難題。由於網路直播行業剛剛興起，沒有形成系統的行業規範，頻頻出現的低俗現象亟需整治。

此前，中國「掃黃打非」辦公室已協調部署有關部門，嚴肅處理了鬥魚「直播造人」等涉嫌傳播淫穢視頻事件中的責任人和責任單位。此外，熊貓TV也在三月初被網友爆出不雅視頻截圖。

一種經濟現象、一個商業鏈條想要持久地發展，就需要一次次及時的道德校準和內容淨化，以及業內人士自覺遵守職業道德。除此之外，相應的監管機制也亟須建立。

網紅經濟這種新形式才剛剛起步，未來還有很多路要走，但它到底能走多遠，就不得而知了。除了市場經濟的需求，也取決於它在整個社會精神文化中的定位。

網紅經濟背後驚人的產業鏈

網紅經濟是時代發展的必然產物。在過去一年裡，網紅成為最風光的「全球範圍內，獨一無二的新經濟物種」，他們的一言一行都成了賺錢噱頭，甚至他們發布的每一張照片都是經過精心處理並且帶有很強的目的，不得不說，他們的存在啟動甚至帶動了一整條產業鏈。

首先，網紅們利用互聯網快速傳播的管道，不斷打造和提升自身的品味與形象吸引消費者，以達到名利雙收的目的。其次，由於信息的大量增加，消費者在豐富的選擇之中，需要找到一些信賴的支點，以慰藉或證明他們的明智選擇，網紅的出現，正為他們提供了這樣的倚靠。

最後，有經驗的幕後推手們，正是看到雙方彼此需要的關係大做文章，不遺餘力地介入對網紅的包裝和運營，促成了當前網紅模式的繁榮，也正是這樣，網紅經濟才成為一個多元的經濟鏈條。

網紅紅出生產力？

從網紅到網紅經濟，加了「經濟」兩字，勢必將形成強大的影響力，在文化產業繁榮區域，網紅經濟已初具規模，並形成了「造紅產業」。

據資料顯示，網紅張某手握三百七十七萬粉絲，淘寶店開業一年就拿下五顆皇冠，其收入甚至超越許多一線明星；國民老公前女友的淘寶店單月成交八十七萬單，按照估算，整年可淨賺一點五億元人民幣；二〇一四年五月成為淘寶東家的網紅董某，每月收入可以到達六位數人民幣……，網紅的一次淘寶新品上架，數千件商品幾秒鐘即可售罄，成交額可破萬元人民幣！可見，一套商業邏輯正在將網紅經濟打造成完整的互聯網產業鏈，最終實現巨大利潤。

在這樣的商業邏輯下，網紅既幫助商品實現了品牌溢價，還成了商品的銷售管道。網紅成為品牌的宣傳人、代理商和銷售員。他們的商業價值遠遠不止於美貌。資本市場看好網紅的經濟價值和變現能力，建立網紅經紀公司的初衷，是因為網紅能帶動品牌。相比傳統的廣告管道，網紅確實是一個成本可控的媒介管道，也許未來還會帶來比品牌更大的收益，經濟生產力不可估量。

網紅經濟的商業價值正在被逐漸挖掘，平民化、廉價、精準行銷等特點是「精灌」行銷；而粉絲經濟卻沒有精準的產品導向性，相對於網紅經濟來說是「漫灌」行銷。網紅經濟的廣告或流量費相對便宜並更為平民化，人人都有成為網紅的可能，例如善於自我行銷的美女，或長期活躍於某個領域的達人。

某知名互聯網網站的標語曾說道：「在微博時代，每個人的生活都深深的被知識浪潮所影響，而互聯網則是永不過時的課堂。」在瘋狂更迭的互聯網世界裡，新的媒體平台、新的爆點、新的增值方式，正在不停刷新人們的認知高度。

網紅產業鏈包含了什麼？

社交平台

在整個產業鏈中，小社交平台由於其在某領域的專業性，往往會有部分在該領域有特殊才能的網友，在回帖互動的過程中，逐漸受到其他興趣相同網友的關注。隨著關注人數的增多，該具有特長的網友逐漸成為小型網紅。

然而，各個具有專業性或功能性的社交網站的日常流量相對有限，為了持續提高自身知名度，小型網紅會持續向流量較大的綜合性社交平台聚集，並在綜合性社交平台上，以網紅身分長期活躍。

網紅經紀公司

網紅經紀公司運作模式基本是尋找簽約現有的合適網紅，並組織專業團隊維護網紅的社交帳號。網紅經紀公司需要定期更新吸引粉絲注意的內容，以及保持與粉絲的互動維持黏性，從而引導粉絲點擊相關的店鋪連結，或者關注網紅推廣的產品。

供應鏈生產商或平台

網紅對時尚性和獨特性的要求，促使其尋找能夠靈活應對下游消費者需求，並能做到隨時生產、隨時發貨的供應商。

因此，網紅經紀公司自身或者其對接供應鏈的服務平台，需要經由大資料分析供應鏈人脈，為網紅尋找具備一定規模後，依舊能夠保持快速反應和高品質的供應商。

由於這對供應鏈要求較高，部分品牌上市公司也想藉助自己已有的成熟供應鏈體系參與到這個環節之中。

出眾多供應鏈平台的出現

在快時尚消費背景的社會潮流中，越來越多的傳統品牌商意識到，網紅銷售模式能提升供應鏈效率和吸引客流的作用，它們有可能會將自己擅長的供應鏈管理與組織植入網紅經濟，從而開啟新一輪增添網紅經濟產業鏈的模式。

紅人電商模式的「前途」和「錢途」

如今網紅已經離不開社交電商平台，這是網紅真正實現經濟變現的地方，在網購模式之外，網紅尚有一萬種方法讓你掏錢。電商平台會成為未來網紅搶奪的重點，而電商也會做出更多吸引優質網紅加入的行動，正如目前淘女郎推出的網路紅人推廣報名活動。

二〇一五年「雙十一」過後，有媒體報導稱，排名靠前的幾家網紅店鋪，在沒有任何會場資源和流量傾斜的情況下，單日銷售額均突破了兩千萬元人民幣，第一名張大奕更是賣出了六千萬元人民幣。即便沒有「雙十一」助瀾，平日上架新貨，她們一次也能賣出人民幣五百萬元至一千萬元的驚人銷售額。

這與知名實體服裝品牌股價常年下跌、商鋪打折、花大錢請一線明星代言，卻依然難掩消費頹勢的景況形成鮮明的對比，網紅經濟正呈現出空前的魅力。

視頻直播模式將占領網紅經濟市場

目前網紅經濟市場規模過千億，短期內行業或將加速擴張。長期而言，實力不同的網紅群體將出現內部分層，各自配合不同的變現模式，形成較為穩定的金字塔結構。

美拍、秒拍等短視頻ＡＰＰ出現後，視頻製作門檻幾乎為零，每個人都可以成為視頻的原創者。這帶來了人人參與的熱潮，視頻直播平台也已經支持用戶用「打賞」功能表明自己的喜歡與厭惡。

在全民直播的潮流中，以映客、易直播為代表的ＡＰＰ，更符合大眾的娛樂審美，最受歡迎。看來無論全民直播還是垂直直播領域，都將誕生許多網紅新星。

二〇一六年《我拍ＴＶ》被巴士線上打造為移動端視頻直播的娛樂平台，結合公交移動電視螢幕，實現差異化的線上線下聯運模式，孵化優質的網紅與網生內容。

電競模式的未來發展不可小覷

二〇一五年年末，《每日經濟新聞》曾獨家報導羊年最吸金的八大行業，其中網紅與電競主播均上榜，到了猴年，它們仍是市場關注的焦點。目前，網紅經濟市場規模過千億元人民幣，短期內行業或將快速擴張，從服裝淘寶網紅到電競主播再到移動視頻直播平台，網紅經濟衍生的產業鏈已經更龐大了。

資料顯示，中國電子競技的使用者群達一點二四億人，中國作為全球第一大遊戲市場，產值同樣超過千億元人民幣。光大證券指出，隨著電競的持續火爆，很多知名主播已經擺脫最原始的個人視訊模式，開始組建團隊製作一些精彩的遊戲視頻。

很多女性主播更是會對自身及場景進行修飾，電競行業也逐漸湧現出一批專門服務主播的經紀人團隊，電競主播經濟逐步開始專業化、系統化。電競相關產業，如電競戰隊、電競主播、電競直播平台等都發展迅猛。從目前來看，網紅圈裡，知名度及商業價值最高的還是電競主播。電競主播賴以生存的前提是：涉及的遊戲長期火爆，電競行業持續發展，承接電競直播平台載體。

網紅經濟迅速崛起，眾多投資商逐漸看到了其中的利益，作為一種新的經濟形式，網紅經濟的前景非常可觀，一旦形成一套完整的產業鏈，相信網紅經濟會越走越好。

第四章

十年長路，網紅經濟勃發的真相

網紅將成為新經濟力量

一直以來，我們都在討論網路經濟和粉絲經濟，但是，在過去的二〇一五年，我們看到了新經濟的力量，及其帶來的很多具有活力的新物種，我們稱這類新族群為「網紅一族」，多年以前這是不可能發生的。

在互聯網的連接和交流中，由於年輕一代對偶像和明星追逐，網紅被自然地催生和挖掘出來，於是產生了新的經濟現象，這在全球也是獨一無二。

提到網紅，我們會想到很多人，比如明星富豪身邊的緋聞女友，社交軟體上身材搶眼、美麗出眾、粉絲群龐大的美女，或是因負面消息一夜成名並通告不斷的非明星類紅人。在互聯網連接一切的大浪中，「紅」成了一件沒那麼困難的事情。無論你是否接受，眾多網紅背後的經濟效益已構成一股重要的新經濟力量。

在第二屆世界互聯網大會的互聯網技術與標準論壇的「萬物互聯驅動產業變革」議題中，阿里巴巴集團首席執行長張勇談到網紅現象。他表示：「在淘寶平台上產生了嶄新的一族，我們稱之為網紅一族，網紅一族的爆發和產生，是整個新經濟力量的體現。」

網紅已經演變為一種經濟行為，強大的變現能力逐漸讓網紅成為品牌青睞的合作對象。二〇一五年是網紅店鋪爆發的一年，紅人店鋪通常以一位年輕貌美的時尚達人為形象代表，以紅人品味和眼光為主導，進行選款和視覺推廣策略，憑藉社交媒體的龐大粉絲群體進行定向行銷。百度指數平台的網紅活躍率明顯遞增，說明人們對網紅的關注度逐步提高。

一千萬粉絲、人民幣一千兩百萬元融資、人民幣一點二億元估值……，目前網上最紅的，莫過於Papi醬。這個自稱「集美貌與才華於一身的女子」，如今是「集人氣與財富於一身」。

網紅經濟的良好前景吸引越來越多的資本進入，網紅這個角色會成為介於多節點的連接者，這條線上包括製造商、設計者、銷售者、消費者和服務者。網紅們在創新創業的浪潮下，展現了互聯網融合新經濟時帶來的無窮活力及無限想像力。

1.0時代的網紅，粉絲是碎片化的；而2.0時代的網紅，有積聚粉絲能量的微博、微信、淘寶、直播等平台，眼紅的只會是消失了的老一代。一個是「老網紅」，一個是「新網紅」，二者最大的區別在於：是否將人氣轉變成商業價值。比如鳳姐、小月月等人，並沒有在極盛時找到良好的商業模式。因為，平台影響了發展前景。

探究網紅的引爆點和邏輯

神一般存在的網紅橫跨社交、媒體、電商、社群各個領域，是互聯網加上人的化學反應的典型產物，「屌絲經濟」已經成為過去式，而網紅卻神鬼不知一夜成名，背後的深層邏輯和引爆路徑到底在哪裡？

網紅具有極強的品牌傳播槓桿和行銷價值。還有人認為，網紅如果能找到更多、更穩固的商業模式，就不會轉瞬即逝。

流量變成新商業的基本能源和血液

網紅經濟的發展，意味著互聯網流量的分散化和社群時代。電商賣家花大量的成本在淘寶直通車、關鍵字引流上，不妨考慮從社交自媒體人身上吸引更精準的流量。可經由微博、微信等社交流量代替廣告搜索，盡最大能力把每個人都吸引到「剁手」的鏈條上，這就是社交電商的邏輯，每個人都能成為資訊的集散地，也是傳播者，一方面降低了成本，另一方面提升了轉化率。

真實美女買家秀

很多知名部落客，要不拚顏值，要不就是自己已經有一套相對成熟的運作體系。拍真人買家秀是提升轉化率非常好的利器。從客戶心理分析，他更容易相信與自己同處一種身分的人——買家。相關資料顯示，有真實美女買家秀的店鋪轉化率，比沒有的高了百分之八十六點七。面對這樣的數據，你還會覺得買家秀無關緊要嗎？

口碑行銷的社群效應

網紅藉由社交媒體來詮釋產品，從某種意義而言，便是在利用社群效應賦予產品更多的內涵，例如文化、態度、魅力等。事實上，網紅的出現就是「口碑加上粉絲以及社群經濟」共同作用的結果。他們成為客戶的意見領袖，並把一種粉絲文化轉化為銷售數位。在未來，社群中的每個人都有可能產生更大的合力。

目前的大多數賣家則是看著網紅店的吸金能力讚歎不已，苦惱於如何把網紅的經營模式引入店鋪運營中。

網紅賣的不是產品，是一種生活方式

普通網店只是利用平台展示產品，而不是想客戶之所想，產品根本打動不了客戶。記者經由採訪幾位知名部落客，並且找到他們的粉絲，詢問粉絲購買產品的想法和心態。一位粉絲表示：「自己對網紅根本沒概念，只不過是她們搭配的衣服好看，結果衣服買回去也和她一樣美。」有一位男粉絲說道：「有個網紅常常發一些對生活的感悟和對時尚的理解，比較契合我的胃口，我就很喜歡看。」

「淘寶本身就是一個最大的時尚媒體開放平台，這裡的紅人賣的是生活方式，是體驗，而不是貨品本身。其業務往往不是事前就規劃好，而是與忠實粉絲的長期互動中自然演化。」淘寶相關負責人這樣向記者解答道。

很多網紅店主不僅長得好看，而且能有效地利用社交媒體宣傳推廣自己，得到的粉絲數量多，從而擁有銷量驚人的淘寶店鋪，例如：

◆林珊珊，是位搜道街拍美女，有個淘寶店「SUNNY33小超人」。如今已是五皇冠店鋪，年銷售額可達數千萬元人民幣。

◆滕雨佳，新浪微女郎認證紅人，微博粉絲一百六十三萬人，優酷《韓流帶你去旅行》第三季韓流女主角，非常有名的網店紅人，淘寶「SHOCKAMIU」開業一年，已經是四皇冠店鋪，每每店鋪上架新品，當天的成交額能達到全淘寶女裝類別第一名。

◆一家叫作「VCRUAN」的網紅店鋪裡，記者在數不清的個人美照中隨機打開一款售價一百零九元人民幣的黑色帽子，發現相同時間段內成交紀錄約為一百五十次，粉絲力量帶來的訂單量由此可見。

結合社交網路的商業機會

網紅自身的顏值抑或才華作為網紅的爆發點，觸發網路流行，而社交網路作為網紅流行的管道，其作用舉足輕重。

在社交網路空間，網紅需要敞開心扉，融入網路社交空間和粉絲心靈溝通，完完全全將自己的生活方式和日常瑣碎，選擇性地跟粉絲零距離交流，向粉絲一覽無餘地展現自己的藝術才華和價值觀，才能真正實現跟粉絲的交心，放大網紅的個人品牌價值。

比如之前紅過的芙蓉姐姐和鳳姐，雖然關注度極高，卻不能為公司或自己掙到太多錢，就是因為美譽度不夠。由此來看，雖然網紅已經成為一種新的經濟現象，但過度無聊或因違背道德而走紅的人，在一定程度上仍會受到社會主流價值觀的抵制，而鮮有經濟效益。

這些網紅一族不是大明星，而是基於互聯網的大眾明星；他們也不是互聯網產生的製造者。現今這些網紅完全是靠個體的力量，集聚了一群志同道合的粉絲，最終產生商業機會，這是非常值得讚歎的。

所以市場機會是經由發現，而不是製造出來的。在這個過程當中，我們看到萬物連接融合，萬物可以是任何東西，可以是企業與企業的連接，也可以是物和物的連接，還可以出現一個新的整合經濟的角色。這個角色和製造商、設計者、銷售者、消費者、服務者之間產生全新連接。這是在互聯網大背景下、互聯網全面滲透新經濟的時候，我們可以看到的無窮活力。

如何在網紅經濟的核心卡位？

網紅均為各自專業領域的達人，藉由社交平台的海量流量以及精準行銷，大幅提高轉化率，讓客戶更容易接受專業領域的推薦，形成資訊傳播的敏感化，從而提高消費者的轉化率。

網紅的本質是傳統商品尋找的新行銷路徑，其核心卡位一端掌握在社交平台手中，另一端是高品質、快反應的供應鏈。

不同類型社交平台的網紅發展

興趣類社交網站

這類社交網站的平台用戶都是出於自身的興趣愛好而關注，在同一領域內有相似的需求和共同話題分享，例如旅遊類網站可以共同發起組織活動或專業話題炒作等。利用良好的互動空間創造網紅服務，相似的需求更容易聚集粉絲並較快速地出現網紅。

但這類社交網站的缺點在於，它們屬於垂直領域網站，粉絲增長的數量極為有限，對網紅規模發展有一定的限制。

科普類社交網站

這類網站往往對網紅的自身素質要求較高，必須有足夠的才能、廣泛的見識，以及不斷輸出優質內容的能力，才能吸引各類有知識需求的朋友關注。行業深度剖析、以知識輸出為主，此類社交網站在增加粉絲數量的同時，均具有較強的黏性。

缺點是文化氛圍過重，商業運作很難被粉絲接受，同時網紅本身以知識傳播為目的，有較強的個人價值觀，「變現」成為科普類社交網站面臨的更大難題。

視頻直播類網站

網紅利用自身優質的形象及表演素質等各方面的能力，製作出優秀的視頻，迎合越來越多的網友，尤其是「宅男宅女」一族的興趣點。遊戲產業類目下的網紅視頻，擁有不容忽視的龐大市場，用亮點和趣味點，吸引眾多網友。

然而成長中的網站，由於觀眾的口味變化快速，使網紅的成長週期較短，這是視頻直播網站普遍存在的問題。某網紅剛出道的形象接受程度也許會很高，一旦該形象被認定，轉型就變得困難，而且還得適應不斷變換的觀眾口味，這確實對網紅提出了更高的要求。

各社交網站培養網紅的能力各有差別，除了規模上普遍局限外，各平台都成為網紅經濟的核心環節參與者，選擇怎樣的平台發力，是網紅們要斟酌的問題，平台選擇和網紅素質對等了，才能創造流量轉化率，讓網紅經濟變現最大化。

高品質、快反應的供應鏈

在網紅產業鏈中，主要的成員包括小型社交平台、綜合社交平台、網紅、網紅經紀公司、電商平台，以及為網紅提供產品的供應鏈平台或品牌商。

網紅想要準確靈活地定位下游消費者的需求，就必須擁有強大的供應鏈平台做支撐。從平台提供的資料，以及供應鏈人脈分析客戶特點，研究出符合客戶需求、富有時尚性和獨特性的高品質內容。在對市場做出快速反應的同時，才能成就源源不斷的網紅經濟變現。這同時對各類供應鏈提出了較高的要求，必須找出自己擅長的領域，最終才能實現供應鏈和網紅經濟的雙贏。

部分品牌上市公司已有成熟的供應鏈體系，例如傳統的品牌服飾企業經過模式調整後，能製造出性價比高且符合潮流的產品，這無疑利用強大的基礎發揮了它們的最大力量，讓擅長的領域備受關注。

從紡織業服裝板塊說起，以下便是有望切入網紅產業鏈的上市公司：

◆華斯股份斥資八千兩百五十三萬元人民幣戰略投資「微賣」（「微賣」是一個基於全網移動社交媒體的電商平台，二〇一四年八月上線，二〇一五年一季度日均交易額一百二十萬元人民幣、日均活躍人數二十五萬人），獲得百分之三十的股權，進入電商3.0領域。華斯股份通過其收購「微賣」與新浪微博的戰略合作，倚靠兩千多萬具有銷售屬性的部落客整合行業資料，為行業提供更進一步的產品通道以及金融服務，未來在互聯網金融上會有深度的合作，先天性地占據卡位資源優勢。

◆廣州柏堡龍股份有限公司致力於服裝設計規模化運作，定位於產業鏈中高附加值的設計環節，經由產業化運作，使創意設計得以真正實現。公司除提供設計服務外，還延伸出設計款式的首批組織生產業務，為百分之七十以上的設計業務提供後續組織生產服務。組織生產業務使得公司實現產業鏈的縱向整合，其與設計業務的無縫對接形成協同優勢，增強了設計業務的市場競爭力，可有效保證作品不被抄襲和模仿，縮短客戶時尚新品上市的時間，並使產品品質獲得保障、呈現完美的設計理念，促進設計業務的發展，持續提升公司「快速響應、一站式服務」的業務能力。擁有強大的設計能力能夠持續不斷地創造新款服飾，同時自帶的服裝製造能力，能夠提供供應鏈端的強大支撐。

◆商贏環球是大元股份資產重組、新增收購環球星光後更名而來。商贏環球面向美國市場，經營時尚服飾生產和銷售。公司經營主要以訂單式生產以及買斷式銷售為主，業務包括環球星光品牌管理、研發設計和銷售（Oneworld／Unger子公司），高端運動服飾品牌設計和代工（APS子公司，百分之九十五訂單來自Under Armour，Under Armour目前是美國第二大運動服飾品牌），供應鏈管理（香港星光集團，全球採購和OEM）。未來將要打通產業鏈，挖潛供應鏈：公司藉由縱向一體化方式整合了品牌設計、供應鏈管理和生產型企業三類公司，提升和吸收供應鏈各環節附加值。公司未來有望繼續整合產業內供應鏈以提升內部效率。大消費與大金融雙主業戰略明確。其在美國市場多年積澱的豐富買手制經驗以及成熟的下游供應鏈體成為核心優勢。

◆新民科技公司選準產業風口，在產業轉型的背景下，已經建有四個電子商務園區，柔性供應鏈園區，滿足了供應商、經銷商等多處痛點，供應商加入南極電商園區，可以有效減少倉儲管理、物流發單等方面的費用；經銷商加入南極電商園區，能夠有效提高淨利率。根據調查研究，二〇一六年，公司的電子商務園區有望達到二十個左右，業績將逐步放量。我們預計二〇一六到二〇一八年，公司柔性供應鏈園區的收入分別為人民幣一點二億元、二點三億元和四點三億元，年複合增速為百分之八十九點三，成為公司經營利潤的重要來源。其優勢則在於其自身作為電商綜合服務平台，在銜接電商供應鏈與經銷商上的天然技術資料優勢。在快時尚消費趨勢下，會有越來越多的品牌入駐網紅領域，介入網紅經濟市場成為大勢所趨。

Papi醬開啟搖錢模式

近來，一條新聞成為了各大網站的頭條，靠短視頻一夜走紅的Papi醬獲得千萬元人民幣投資，估值上億元人民幣，網紅經濟話題再度成為熱搜。從部落客吐槽時代的網紅1.0，到視頻時代的網紅2.0，再到未來大ＩＰ的網紅3.0時，用戶需求一直在變，網紅經濟在短時間內發展迅速。

二〇一六年三月，Papi醬拿到一千兩百萬元人民幣的投資，由真格基金、《羅輯思維》、光源資本和星圖資本聯合注資，拍賣Papi醬視頻彈跳式廣告，並由《羅輯思維》全程策劃監製。

如今，網紅不再是一股短暫的潮流，更是未來的一種經濟形勢，而網紅經濟也只是剛剛開始而已。基本每個愛玩微信的人都刷過一個「集才華與美貌於一身的女子」，以及她的系列短視頻。她以一種親民的形象出現在我們的視野中，就是那個自嘲「貧窮＋平胸」的女子——Papi醬。

以迅雷不及的速度爆紅的她，被稱為「二〇一六年中國第一網紅」，本名姜逸磊，是個還在就讀中央戲劇學院導演系的研究生。因為上傳的四十多條原創短視頻吸引了眾多網友的關注，在短短幾個月內迅速竄紅網路世界，現在擁有微博粉絲八百五十九萬人，她的短視頻也在優酷等各個視頻平台累計播放量過億次。

這位「集美貌與才華於一身」女子的早期微博多為一段文章和ＧＩＦ，二〇一五年七月開始陸續發秒拍和小咖秀短視頻，包括嘴對嘴小咖秀、台灣腔加上東北話；而後又推出了系列視頻，如日本馬桶蓋、男女關係吐槽、爛片點評、上海話加上英語等，都是常見的無厘頭惡搞視頻。

期間，她的風格不斷改變，可能是在尋找粉絲喜歡的風格。隨後，Papi醬在各大內容平台的人氣一路高漲，在「二〇一六微信公開課ＰＲＯ版」刷爆朋友圈後，Papi醬也迅速發了一個關於微信的吐槽視頻——「微信有時候真讓我崩潰」；而在春節期間，二月六日Papi醬逢時又推出了「馬上就要過春節了，你準備好了嗎？」吐槽春節期間討人嫌的親戚們，短短幾個月的時間迅速積累了幾百萬粉絲，其短視頻通常緊跟一些時事熱點。

Papi醬快速走紅的原因在於：抓住了短視頻使用者原創內容增長速度很快的契機；在內容打造方面，充分結合其影視專業的知識；十分出眾的選題設計，從生活、娛樂到兩性關係，都有覆蓋涉及；以極其接近一般人生活的平民氣質敘事；同時結合時事熱點；在幾分鐘的短視頻內，布置諸多貼近年輕用戶的話題，直接滿足年輕群體對娛樂視頻的需求，因而也就在當下有趣內容並不多見的環境生態中順利脫穎而出。她的視頻具備年輕一代共同追求的東西：崇尚真實、摒棄虛偽、宣導個體自由，也因而獲得廣泛共鳴。

Papi醬爆紅的原因

超乎一般網民的想像

人們對徹底打破審美疲勞的極端粗暴內容極其「飢渴」。《好奇心日報》曾做過一個調查：「你對啥玩意兒感覺看久了會覺得平淡、麻木？」最後大家投票的結果是「濾鏡」、「網紅臉」、「傻白甜」占的比例較大。雞湯、勵志文這些充滿正能量、被視為精神食糧的東西，似乎都無法真正吊起人們的胃口。

而Papi醬的短視頻徹底打破了人們對網紅的一貫看法。明明有顏值，卻在視頻裡素顏、衣著家常；明明音清體柔，卻偏偏使用變音器、對髒話口型。

Papi醬以非常貼近日常生活的大眾氣質敘事，在幾分鐘的短視頻內布置諸多貼近年輕用戶的話題，以「有趣」和「平民精神」，直接戳中年輕群體對娛樂視頻最直接和最純粹的需求——貼近生活，又能從中看到自己的影子。

現在人們的審美和欣賞水準不斷提高，在當下這個內容為王的時代裡，真正有趣的內容其實並不多。Papi醬藉由貼近生活的話題和極具表現力的表演，把生活中最普遍的場景演繹得活靈活現，「雖然只有短短幾分鐘，但是這種意猶未盡的捧腹大笑，給人帶來的滿足感，不亞於一部一百分鐘的喜劇片。」

Papi醬的出現彌補了時代的缺失

大眾缺少一個大眾明星以供消遣，以至於只能繼續消費著鳳姐、奶茶妹妹等過氣網紅。而Papi醬的出現恰到好處，彌補了社交網路多年沒有從大眾當中走出來的全網紅人，使得人們終於感受到了一縷新鮮空氣，這其實也是目前Papi醬受到廣泛追捧的一個重要原因。

圖文模式遭遇嚴重瓶頸

二〇一六年，隨著微信的普遍推廣，很多微信公號就紅起來了，比如石榴婆報告、嚴肅八卦、同道大叔……，但是他們僅僅只是短短地「紅」了一下，就又漸漸遭到冷落，看多了難免「疲勞」。

如今，大部分人對圖文內容產生了審美疲勞，人們越來越喜歡看聲畫合一的視頻內容，拍攝長視頻需要耗費很大的精力，也有一定的門檻，短視頻無疑是一個最佳的內容呈現類型。

數位科技越來越發達，現在一支手機就可完成以拍攝、剪輯、分享的全部過程，視頻製作也逐漸大眾化，全專業化的工具已經將視頻生產門檻降至歷史最低。

從分發角度看，終端、平台、應用、社交網路以及使用者的內容消費習慣，也為碎片化的視頻創造前所未有的消費場景。

視頻創作方面的專業化優勢

Papi醬的走紅說是偶然，也非偶然，其自身的積累不容小覷。從視頻中可以看到她確實極具表演才華，也具有創作劇本的能力，更瞭解目前網民的心理訴求，基於以上幾點原因，再加上選擇短視頻這種內容創作形式，Papi醬徹底紅了。實際上，Papi醬一直都在為做一名網紅而準備，在天涯、豆瓣等社交平台都曾留下過足跡和照片，但並沒有紅起來。

微博時代，她也曾和閨蜜合作經營一個微博帳號，但最後還是結束了。之後，她自己拍攝短視頻轉戰美拍和秒拍並逐步紅起來；此後她又抓住機會，在微信上開設了微信公眾號，重新經營微博帳號，在視頻網站上進行內容的分發，才成為如今這個大紅大紫的紅人。

實際上，各領域的重要人物或紅人的成長經歷都類似，都是多年積累的爆發，並非一朝一夕的偶然成功。

從女文青變成諧星？

Papi醬在網路上的初始軌跡跟普通的女生有很多相同點。二〇一三年，她還是個畫風正常的文藝女青年，甚至跟年輕時的蘇菲·瑪索有一絲相像。在天涯社區上開了一個名為「Papi的搭配志」的帖子，上傳了不少日常衣服搭配的照片；評論大多讚揚她「是個美女」、「很漂亮」，但沒有任何走紅的跡象。

二〇一五年，Papi醬跟大學同學霍泥芳開始以名為「TCgirls愛吐槽」的微博帳號發表短視頻，此時的她完全拋開美女包袱，以浮誇的表情表演博得網友的紛紛點讚。

後來，Papi醬開始自己編輯視頻素材，以變聲形式發布原創的視頻內容。她的視頻讓不少網友高呼「說出了我的心聲」，也為Papi醬贏得高人氣。現在，Papi醬被網友戲稱為「女版黃渤」。

接受投資後，Papi醬會朝著什麼方向發展？

個人IP化

個人IP化的最大局限，在於需要長期生產優質內容，以保證存在感。但是，從Papi醬的短視頻更新頻率來看，一個人操刀每次不足五分鐘的短視頻的更新很吃力，工作強度非常大。

團隊化

顯然，接受投資之後，Papi醬將走團隊化運作路線，建立一個能夠打造她的團隊，不僅能解決個人創作才華枯竭的困境，也能夠獲得更大的商業利益。

Papi醬和羅輯思維這個自媒體先驅合作，相當於給自己找了一個廣告經紀公司。《羅輯思維》是目前中國最商業化的自媒體帳號，其在商業化方面不可謂走得不遠。不過，隨著《羅輯思維》商業化的不斷加快，其影響力也在連年下降。這也是自媒體或媒體在尋求影響力變現時必然面臨的結局。

據知名部落客爆料，Papi醬已簽約Angelababy的經紀公司，無論是否屬實，這都是一個知名網紅最終會選擇的路——進入演藝圈，繼續發光發熱。

千萬網紅創造的網紅經濟

網紅因為某件事或某個行為被網民關注，又因為某種特質在網路作用下被放大而走紅，這個現象的實質是基於特定人群興趣點的社會化媒體傳播。社交平台上顯現出一個個神奇的網紅，他們的商業邏輯是基於粉絲經濟和流量的個性化品牌社交電商。

他們的成功看起來順理成章，實際上必須符合三大基本要素：符合互聯網傳播規律、迎合網路文化／亞文化、傳播本體有個性潛力，並以此為核心進行社會化行銷，才能順利開啟網紅的掘金之路。

「叫獸」易小星，躋身電影導演行列

江湖人稱「叫獸」，最初活躍於貓撲，曾用名「蠢爸爸」、「蠢爸爸小星」，為貓撲著名組織：以「猥天瑣地，一統江湖」為口號的猥瑣神教成員，「叫獸小星」一名據說是教主所賜，後在微博某次事件後，把姓加在ＩＤ中，所以有了現在的「叫獸易小星」。

作為熱門網劇《萬萬沒想到》的幕後操盤手，在網路新媒體的世界裡贏得粉絲無數的叫獸易小星，剛剛跨過三十歲門檻，躋身電影導演的行列，帶來了《萬萬沒想到》電影版。

叫獸最早在網路論壇上寫連載小說。做網路電台的播音員，都出於一顆想紅的心，後來做視頻內容並沒有考慮什麼商業性，只要能出鋒頭，能紅就行。結果叫獸真的紅了。二〇〇四年叫獸製作的網路劇《萬萬沒想到》第一季，在優酷上累積的點擊量達到了五點八億，賀歲版也衝到了一點四億點擊量。

叫獸用「叫獸易小星」的名字註冊了新浪微博，現有粉絲四百三十四萬人。他的公司「萬合天宜」，從最初的十幾個人到二〇一三年的將近八十人、到現在一百二十人，規模快速擴張。叫獸認為自己更像是一個產品經理，萬合天宜則是一家以內容製作為主的出品方。

二○○六年到二○一一年之間，叫獸白天是土木工程師，晚上經營自己的業餘愛好，喜歡電影，研究影視劇的製作。早在二○○四年還做過貓撲電台的播音員、網路電台主持人。沒有專業的設備和知識，僅憑內心對視頻製作的愛好，利用電腦和攝影機，製作一些搞笑的視頻上傳到互聯網，那時候視頻網站流行「播客」，叫獸花了五年時間在土豆網做到了知名播客。

二○一一年，叫獸開始替真人網路劇寫劇本，讓北京導演來拍。做第三個片子的時候，叫獸接了一些小廣告，與土豆網製片總監成了合夥人。抱著前衛、新潮、只有在網路上才能接觸到同齡人的管道的信念，叫獸到北京正式創辦了萬合天宜。

叫獸對網路視頻行業有足夠的瞭解，每上傳一個視頻就會有意識地分析整個行業，以及觀眾心理的狀態及其變化。關注每個片子下面的觀眾評論，觀眾的回饋會激發叫獸新的創作靈感，為視頻內容的創新注入源源不斷的活力。

二○一三年八月上線《萬萬沒想到》，這部二○一三年中國互聯網最紅的自製劇，僅第一季的播放量就達到五點一億次，受到無數網友的追捧；而經常被拿來比較的搜狐自製劇《屌絲男士》的兩季播放量達七億次；脫口秀《大鵬嘚吧嘚》自二〇〇七年開播以來，總播放量達到十億次。藉由網路自製劇《萬萬沒想到》，叫獸易小星從一個素人原創者成功轉型為新銳導演。

易小星認為，網路自製內容不在乎形式的複雜和專業，不會刻意追求完美，只要內容好，觀眾喜歡，形式可以不拘一格。相比這個節目在二〇一三年獲得的超高人氣，《萬萬沒想到》對整個行業的榜樣價值，遠遠大於這個節目本身。它給出了一種新網路內容形式的可能，出品方萬合天宜也提供了一種新型的網路內容生產商的雛形。

傳統的影視內容生產商以出品電影、電視劇為主，節目單集時長四十五分鐘起。寫劇本、選演員、定檔期、選景、出分鏡、試妝、試鏡等一個環節都不少，流程複雜，項目時間長。即使現在拍攝的很多網路劇，雖然初具互聯網生產的雛形，但時長和拍攝週期依然與傳統電視劇相差無幾。而《萬萬沒想到》這樣的短劇，一天拍攝完成，半個月上線，最大程度上保持了內容的新鮮度，但它的劇本撰寫卻用了拍攝時間七倍，甚至更多的時間。

如今，類似叫獸易小星這樣看似不正經、不太完美的互聯網新生代導演，肩負著一個新領域開拓的艱難重任，他們或許代表著影視內容的未來。

網紅也同樣如此，要做到瞭解受眾群體、被網路化的人，他們有夢想，但缺乏信仰；他們追求刺激，但缺乏耐心；他們喜歡解構，但討厭意義；他們熱衷自嘲，但鄙視虛偽。這群互聯網人的審美品味、內容偏好與傳統媒體時代的受眾完全不同。

轟叔，屬於自己的網紅素養

轟叔，一個一九九二年出生的網路美少男，致力於「增值用戶的情緒資本」，要做有趣味的意見領袖。從最初的靠臉，到段子手的自媒體創業，利用已有的許多粉絲做社群，然後想到變現，於是自然而然就開始創業。簡而言之就是要有自媒體轉型的粉絲邏輯。

創造觀念、感覺相通的內容

第一，用內容吸引調性相通的人，他們會對你的人物形象特別感興趣，再從眾多人群中做出區分化，很自然就從擴大粉絲範圍過渡到判斷粉絲屬性。第二，製造內容引發評論，他可能並不是你的粉絲，但出於好奇，那麼多人都在關注你、討論你，可能起初並不能理解你的調性，這就是看到你受關注後產生的從眾心理。第三，製作出具有領袖氣質的內容，有助於在擴大粉絲範圍之後做好掌控工作。輸出的內容一定要帶有你的核心價值觀。比如轟叔賣紅薯，找的焦點之一就是瘦身，試著找營養學家背書。

紅薯在同一百公克的重量下，熱量是米飯的四分之一，有人嘗試只吃紅薯半個月後瘦了三公斤，而且還沒有明顯的副作用，這樣的多重方式疊加就會出現非常好的行銷效果，同時也代表了健康減肥的價值觀。

找準焦點建立連接

穩定地輸出價值觀和內容，才能持續不斷地擴大粉絲範圍和判斷粉絲屬性，把這種品牌形象加上社交目的的模式固定後，粉絲才能緊密地參與活動。轟叔出了一本名叫《深夜物語》的書，是微博幾家創業公司找到轟叔發起製作的，針對書名，轟叔專門去香港拍了一組照片，做成明信片用抽獎的方式當成福利分發給粉絲。粉絲可以經由抽獎拿到明信片，核心人物是轟叔，粉絲自然就參與其中了，轟叔只要動動手指發一個「轉發的明信片」，就可以在微博上轉發幾萬次，書的預售也因此在當當網成了第二名，在京東和亞馬遜都是前三名，書本身並沒有什麼實質內容，但粉絲的力量強大。

在互聯網時代，轟叔用連接的方式，讓人帶動人，人和人互相推薦，建立人與人之間的信任，推薦和信任才是產生連接最關鍵的點，而只有找對焦點才能建立連接，人與人之間的連接非常重要，所以第一批種子用戶特別重要。

組織使用者從培養普通粉絲開始。讓他們被取悅，讓他們的情感得到滿足。首先要性格相通，其次是他們有分享欲。社區經濟其實是一種心理認同的消費。一群人聚在一起，互相認同，情感需求就會得到滿足，而情感需求才是這個時代最重要的需求。因為可以經由情感創造社區的連接。粉絲無論是心理認同也好，還是利益刺激也好，要相信粉絲變現的能力。

除去轟叔本地外賣紅薯O2O這個點，針對粉絲不能配送的範圍，開發了賣地瓜乾，包裝漂亮，並附上有意思的故事，變現能力一下子就從這種非常微觀的角度裡體現出來了，接著可以研發周邊小產品。

總而言之，只要有粉絲，價值鏈就會自然體現，而粉絲變現是在於你個人和你的內容。你的產品代表你的調性，只要你的人對了，品牌的意思對了，那麼變現能力便不容置疑。

發揮人格特質的效果

轟叔認為，在社區裡面，以粉絲社區為行銷手段，不斷增值粉絲對偶像的喜愛，增加粉絲的情緒資本。其實玩社區和做產品是一個道理，就是不斷刺激使用者、增加內容、增加粉絲的情緒資本，讓他們越來越喜歡你。

現在，很多人有個誤區，以為埋頭做產品就等於閉門造車，但事實是，埋頭做事代表一個人的做事態度，閉門造車就是一個人根本不顧及其他感受，將用戶需求想當然地去想像，而這樣的創業必定會失敗。

將自己優秀的特質放大，宣導做小不做大。現在的社會是人格的時代，轟叔便是一個做魅力個體的人，創造自我的小時代，將自己優秀的特質放大，吸引所有資源向自己靠攏，自有的短處和不足就讓別人補充，比如轟叔的紅薯O2O項目就可以向傳統行業特別有經驗的人尋求幫助。

艾克里里，一枝馬克筆橫掃時尚圈

艾克里里以原創視頻短片走紅，與Papi醬吐槽為主不同的是，艾克里里用一枝馬克筆橫掃時尚圈。起初他的走紅是調侃微博上一度盛行的小學生化妝比賽，他通過變聲器、短視頻；自嘲毒舌，以及嬌喘助理一唱一和獨闢蹊徑，以搞怪的形式錄製了「對罵」視頻，立刻俘獲了眾多粉絲。

誇張的馬克筆眼線，廉價的化妝品，浮誇的動作以及時不時蹦出來的一句：「你們買不起。」讓人忍俊不禁。這一個奇葩美男子，經常會被他口中的各大時尚品牌邀約走秀、拍雜誌封面，讓眾多粉絲看過這個心機男孩之後會哈哈一樂。

艾克里里，微博簡介上寫著：攝影師，他可以靜如處子，動若狡兔，在拍攝攝影作品時，各種耍帥、扮酷的造型，因小學生世紀化妝大賽的視頻全程高能而出名。

艾克里里用黑色油性馬克筆畫眼妝，細頭畫眼線，粗頭畫眼影，加之用略帶娘炮的男聲喊著「小學生你不懂」、「時尚芭莎知道嗎」、「日本進口的你買不起」，足以讓你感覺浮誇噁心。

艾克里里十分平易近人，雖然滿嘴的驕傲語氣、浮誇，卻一點都不招人煩，反而讓我們在這個滿是虛偽做作的世界裡感受到一股清涼之氣，分分鐘把自己笑哭。

艾克里里還有個小助理——洛凡AdenEve，視頻中時不時被拉過來擋擋槍，更是讓粉絲看到其真實、可愛、敢演的一面。艾克里里和洛凡AdenEve同為攝影師，而洛凡AdenEve稱艾克里里是老闆。

「男神＋男神經」的奇妙組合，濃濃的時尚芭莎氣息，惡搞無厘頭的吐槽演繹，讓艾克里里成功成為一名為數不多的男網紅，而他也真的登上了時尚芭莎的封面。

艾克里里用男扮女裝造成戲劇衝突引發關注，而口口聲聲奢華美豔頂配的化妝用品，在鏡頭中竟然是銀行卡、記號筆、毛巾被等幾塊錢產品。

現在艾克里里經由短視頻帶來的巨大流量開始變現，為自己的淘寶店導流，並與微博簽約，經由用戶的打賞、付費閱讀和來自平台方的商業分成，獲得一定的平台收入，不得不說「變現」已經是網紅最好的結局了。

天才小熊貓，新浪微博的超級大紅人

天才小熊貓的腦洞奇大無比，是一個成名比較早的網紅：二〇一〇年藉著3Q大戰創作了著名的《右下角的戰爭》系列一舉成名。天才小熊貓是新浪微博知名的段子手，粉絲近四百萬。他寫的新浪微博，每一篇轉發量達數萬乃至數十萬，每一篇文章下評論的人更是成千上萬！可以算是新浪微博超級大紅人。

二〇一三年四月，在「天才小熊貓」張建偉辭去工作時，他創作段子的廣告收入就已經超過此前的薪水；如今，他的報價翻了十倍，達到六位數人民幣。

作為公認的業界第一人，小熊貓有著特殊的工作原則：不保證傳播效果，不接受甲方修改意見，只接受打包價格——作為白洱旗下的頭牌，客戶如果想選他，就必須同時購買其他段子手的轉發服務。

〈千萬不要用貓設置手機解鎖密碼〉是一條典型的「天才小熊貓式段子」：主角在把玩一台指紋解鎖手機時，使用了貓的指紋，串聯了一系列生活情景用貓爪來解鎖的秀逗行為。

天才小熊貓堅持「內容為王」，擅長將段子巧妙融入創意，有效保證了文案的趣味性，具有很強的故事性，情節緊張，可讀性非常高。「段子加上故事」的模式，排版上以圖片為主、加上接近日常生活的語言，有效擺脫了傳統軟文生澀的說教模式，讓很多讀者看得很爽、很嗨，求著天才小熊貓加快廣告更新速度。

產品植入道具化

天才小熊貓軟文最大的特點在於：文章一開始就能見到產品，植入非常顯眼。但是，與顧爺、徐老師等網紅將產品植入深藏於文章結尾的做法不同，天才小熊貓用了很巧妙的方法：把產品作為故事的道具，參與到故事中，這麼一來，反覆提及產品也就變得順理成章，自然而然。

沒有廣告識別經驗的讀者，通常不會很快察覺到被廣告了，以〈千萬不要用貓設置手機解鎖密碼〉這篇為例，一共形成了十七萬以上的轉發率，普通人通常不會輕易地幫廣告轉發，所以這篇文案真的非常軟，軟得不像廣告，技術可謂強大。天才小熊貓的軟文也妥善解決了產品植入在文末，產品關聯度不高的網紅文案詬病。

將產品資訊劇情化

僅僅將產品作為道具，對於產品植入來說，做得並不到位，產品特徵、賣點等資訊的展示太少。花了很大篇幅做鋪墊，卻和產品本身並沒有太大關係。天才小熊貓不僅將產品作為道具植入到軟文中，在消除反覆提及會讓人厭煩的問題之外，他還做了另外一件特別巧妙的設定——整個故事情節的發展，圍繞產品特徵而展開。

天才小熊貓的文章完全是當下受歡迎的逗比有趣風格，每篇文章都正經地吹牛皮，迎合當下讀者的心態。再者，天才小熊貓的文章讀起來情節緊湊，懸念迭出。往往讓人猜不到開頭，猜不到結尾。用超乎尋常的故事體驗，削弱粉絲讀廣告的厭惡感。

王尼瑪的暴走漫畫

這一切都與暴走漫畫有關，它簡稱「暴漫」，畫風野生粗鄙，以笑話的內容為主題，是一種流行於網路的開放式漫畫。團隊引入後，開始精細化運營，開發出《暴走大事件》等系列視頻，並讓王尼瑪、張全蛋等形象走紅於網路。

從二〇〇八年開始，暴漫就開始做ＩＰ開發、採購和衍生品，扶持很多四格漫畫作家，積累了不下四百套ＩＰ。二〇一一至二〇一二年，公司資金短缺，決定讓大家一起製作漫畫，寫一個簡單的製作器程式，基本零成本。但是新浪力推微博，暴漫成為第一個超過一百萬粉絲的漫畫號，形成了流量的回流，從新浪微博導過去的ＰＶ達十一億次。

有了四年的經驗和人才的積累，還做了網站、用戶端，暴漫形成了自己的社區。暴漫的內容是從社區挖掘的，用戶主力從九歲到二十九歲，他們時常關注大家喜歡關注什麼內容，畫什麼漫畫。節目的資料獲取就是一個與時俱進的過程，選擇的主題，很多都是用戶所回饋。編劇年齡以二十至二十四歲為主，由他們進行二次加工。

暴走QQ表情也是他們不斷壓迫畫者，一個表情要畫上詩詞，再看哪個好，放到QQ裡，讓更多人使用。抱著做產品的思路，做表情也是快速反覆運算，他們不斷在自己社區裡試用，不斷開發和瞭解市場喜歡什麼。

現在，暴漫擁有漫畫、視頻、創意、社區等很多板塊，有很大部分是給廣告主訂製創意服務，還在努力開發電影和遊戲，如果電影發行商和院線會看你的創意，認可你，就會擁有一筆資金。

龍友林奪冠二〇一六網路紅人榜

進入二〇一六年，網紅已經成為一個正式的職業，從十多年前的網紅1.0時代，慢慢進入3.0時代，並很快向4.0時代跨越。有人總結，芙蓉姐姐、鳳姐等代表的是網紅1.0時代，獸獸等車模代表著2.0時代，現在所說的網紅則為3.0時代，代表人物有龍友林、Papi醬、天才小熊貓、張大奕、陳小穎、趙大喜、雪梨……。

龍友林，網路天才、網路行銷高手、二〇一五年百度百科形象大使、二〇一六年形象大使代表人物。他得到「二〇一六年網路紅人排行榜」冠軍，被譽為「網紅第一人」。二〇一六年三月底，獲得「時尚達人」稱號。

有很多網紅確實有著真才實學和深厚的累積，龍友林就是其中之一。網路只是為他們提供了一個更便捷的通道。我們不能否認，一些成名或者是「被成名」的人，他們的確是反映了一個時代的需求，表達某種民意或引發部分網民的關注與共鳴。我們也不能否認，很多網路紅人已經走出網路，成為現實世界中的明星。網紅行業的發展趨勢朝著機構化、專業化、資本化方向行進。

IT界文藝青年「留幾手」

從二〇一五年十一月開始，「留幾手」在微博為網友的照片點評、打分，其獨特的麻辣點評讓粉絲量暴增，短短幾個月內就達到三百三十萬人。此前包括「不加V」、王思聰等微博名人也曾主動貼出照片讓他點評。以此種方式，他逐漸聞名於網路。作為二〇一五年年度網紅排行榜上有名的網紅之一，「留幾手」其實在二〇一三年就成為大家關注的焦點。

「留幾手」的真名姓劉，人稱手哥，三十歲左右，長春人，畢業於東北某大學電腦系，後於英國帝國理工大學讀博士，任職於北京某ＩＴ公司，年收入在人民幣二十五萬元到三十五萬元之間，是一個開奧迪的ＩＴ男。

平日裡，「留幾手」喜歡閱讀英文網站和報紙，堅持瞭解各類新聞時尚資訊，熟練掌握英語。同時他也十分喜歡《鄉村愛情故事》和「二人轉」這樣的娛樂套路，長期沉溺在Ｄ８和豆瓣。

二〇一三年開始，網友紛紛上傳自拍照並@留幾手，即使被「虐」得體無完膚、獲得「負分」的評價，也樂在其中。這股「求虐風」也刮到了娛樂圈。好男人「曾小賢」陳赫、湖南衛視主持人杜海濤，先後貼出照片求手哥打分。慶幸的是，兩人都沒有被評為負分，陳赫的零點五分險勝杜海濤的零分。

手哥除了給網友的照片零分、負分，並進行「虐罵式」點評外，偶爾也會對一些清純美女給出高分。他不時發表一些總結性文章，文風同樣犀利。

具體來說，他的審美並不是根據「客戶」的美醜評分。他以審美為名，做的卻是文學創作、編小品的事情，其創作思路是：看著照片，想像在怎樣的情境中，畫面主角會顯得滑稽可笑。

抽象地說，「留幾手」就是高端個人版的D8。他的走紅和D8當年紅的原因是一樣的。從精神氣質上，娛樂至死、解構一切，蔑視權威和秩序；既嘲笑混不出頭的底層人民，也嘲笑裝腔作勢的上流社會，尤其嘲笑物質上正從農村底層走向城市的白領；精神上卻猶疑不定、不知如何自處的中產階級（從這個意義上，他的嘲笑也是自嘲）。「留幾手」用機靈輕佻的語言，借用趙本山的風格說李開復的事，並夾雜大量低俗語言和性笑話。

而大家的身邊確實有這種人，便能產生一種共鳴。手哥總能捕捉到大家沒有觀察到的細節，再用一些俏皮或者犀利的語言寫出來，揭露社會上流行的現狀。手哥粉絲團中不乏「作業本」、「薛蠻子」、「高曉松」等知名人士。

據網友統計，「留幾手」的粉絲以年輕人居多，女性比例明顯大於男性。就這樣，二〇一三年「留幾手」在新浪微博上以毒舌點評的鮮明形象紅遍網路，引起大家的頻繁關注。二〇一四年一月，「留幾手」作為男二號出現在漫畫《暗戀那些事兒》的書中，並親自寫序推薦此書。

二〇一五年三月八日，在粉絲數即將衝破三百萬大關時，手哥發了一篇長微博，總結自己的所作所為。在手哥看來，打分古已有之，自己是借著打分寫一段小品：「我們大家共同訴說著一個小故事，我是在從事一種藝術創作。很多時候，你們只看到眾星捧月一樣的我，卻沒有看到那個寫文章寫到天亮，睡在電腦前面的我。」

手哥如此努力，不但人長得帥，而且聰明。精通ＩＴ和數碼、酷愛足球、熱衷桑拿，懂車、服裝、化妝品和其他時尚品牌，而且玩過攝影、吉他和美術，還寫過網路小說。

憑藉如此豐富的生活經歷，「留幾手」在點評時總能文思泉湧，表現得恰到好處。他坦白，自己曾經也有過文藝青年的夢想，卻不時感歎現實把夢想擠碎。「就是經歷很多事情以後，覺得夢想那種東西，卻只是說說而已，現在社會各種現實什麼的，已經基本把人磨得沒有夢想了。」「留幾手」說道。

二〇一五年十一月，「留幾手」以一篇《誰買了朋友圈的面膜》爆紅網路並引起央視的強烈關注，幾乎憑一己之力撂倒整個微商行業的微博紅人。他讓微博生財，鑄就了一條豐富的產業鏈。在新浪平台有客戶甲方、公關公司、經紀人，也有利用這些資源刷僵屍粉、買水軍等，每個行業或多或少都會存在這樣一些人。

但「留幾手」的觀點是：「每一個人都要吃飯，如果你不讓他去行銷，不讓他去盈利，可能很多人就覺得沒有動力發微博。那微博上一些原創的段子，或者是有趣的東西就會少。我覺得還是以內容為主，行銷為輔，不要本末倒置就可以。關鍵是怎麼合理而聰明地利用資源，這個才最重要。」

「留幾手」以身作則，堅持自己接廣告的原則。他做廣告並不是完全看錢，並不是你能給多少錢，他就會幫你打一條廣告行銷文。但如果確實是好產品，和他的文章特別貼合，求植入進去表現出的畫面特別和諧，他才會同意入駐廣告，不然絕不考慮。

「留幾手」就是這樣一個堅持原則並聚才華於一身的網紅，在豆瓣上玩了好多年，也寫了好多東西，卻從沒想過賺錢或是出名，唯一堅持的就是寫東西，有讀者、有粉絲的評論和讚揚，他就心滿意足。手哥用自己的純粹證明了好東西總會有市場，我們太缺乏的只是堅持。

中國第一好哥哥吳大偉

吳大偉因在個人微博中曬出與自己年齡相差十八歲的妹妹的親密生活照，爆紅網路，他們被稱為最萌年齡差兄妹，而他也被網友稱讚為「中國第一好哥哥」。這是吳大偉走紅於網路的一個重要標籤。

帥氣的吳大偉對妹妹極其疼愛。在他的微博上，到處都是和妹妹的生活照：為妹妹綁鞋帶、餵妹妹吃東西，與妹妹玩耍，甚至是被妹妹「欺負」的。不管什麼場合，他和妹妹的照片都是那麼溫馨，讓人羨慕。妹妹對他也非常的依賴，兩人一段時間不見，就會非常地想念彼此。

吳大偉對妹妹的溺愛以及深情的表白，溫暖了眾網友的心。他曾發表微博稱：「我們是相差十八年的兄妹，我會和妳拍很多很多的照片，等妳長大要談戀愛了，我就把這些照片給妳男朋友看，讓他知道妳從小到大都是被捧過來的，他要是敢對妳不好，他就死定了。」

一時間，兄妹倆的生活萌照被紛紛轉載，吳大偉也在網路爆紅。騰訊、優酷、搜狐、土豆、迅雷、56網等各大網路門戶，《廣州日報》、《羊城晚報》、《南方週末》等各大報紙，以及廣東電視台《今日關注》等媒體中，關於「中國第一好哥哥」、「最萌年齡差兄妹」的新聞鋪天蓋地。

網友看了他和妹妹如此有愛的照片後，紛紛封他為「中國好哥哥」。不少女網友看了後，不是抱怨爸媽沒有給自己多生一個哥哥，就是抱怨自己的哥哥和吳大偉的差距如此大，都羨慕吳大偉的小妹妹能夠有這麼好的哥哥。

作為一名「九〇後」，吳大偉不僅懂得照顧妹妹，事業也毫不遜色。他創立的護膚品品牌「朴爾因子」，多次榮登淘寶店鋪熱銷榜TOP100。二〇一四年三月七日，在四十多萬同行商家中突圍而出，登上全網美妝類店鋪熱賣榜第三名。

一篇名為「美妝類黑馬：日銷量破百萬」的文章寫道：「淘寶美妝類店鋪排行榜前十名，一直被阿芙、歐萊雅、御泥坊等品牌占據，昨日『三八』活動開跑第一天，美妝類前三名擠進一匹黑馬，是店主吳大偉DvWooooo的自主品牌朴爾因子，預計昨日單日營業額破百萬，真是後生可畏！」

朴爾因子的成功，則是充分利用了名人效應、準確定位以及口碑行銷，品牌成長速度非常驚人。據公司同事說：「吳大偉很重視企業文化和公司氛圍，在平時與員工相處過程中，為人親切隨和，絲毫沒有主管的架子，懂得關心員工，這使員工們都願意為公司打拚！」他的舉動引起網友高度羨慕的同時，吳大偉也被眾多網友稱作「中國好老闆」。

吳大偉既是妹妹的好哥哥，更是員工的好老闆，他帥氣的暖男形象在相親節目《非常完美》上同樣表現得一發不可收拾，因此擄獲了很多女觀眾的心，女嘉賓源源不斷地上節目向他表白，一時之間，人氣暴漲。因此，他還上了著名綜藝節目《年代秀》的現場，讓更多觀眾瞭解到這位帥氣的大男孩。

雖然吳大偉離開了《非常完美》的舞台，但人氣並沒有因而下滑，反而因為在微博上和萌妹妹的不斷互動，讓他的人氣持續增長。吳大偉甚至被稱為是才能兼備的帥氣「九〇後」，在綜藝上特別受關注，也因創立美膚品牌而得到很多人的認可。同時他還出版了屬於自己的書籍《這世界，缺你不可》，新書一上架，銷量就不斷上漲，頗受好評。

吳大偉的出書歷程也頗為艱辛。他很喜歡寫文字，一直有寫作的習慣，多年來也積累了很多故事。據說之前他和一個出版社簽約出版，在沒有充分溝通的時候，就被對方安排去歐洲拍攝照片，後來意識到出版社並不是真正想為他出一本書，而只是一本寫真，這完全違背了他的初衷。

懷著對文字的熱愛和對信念的堅持，在和出版社協商之後，他毅然決定解約並賠償一筆不小的金額。雖然損失嚴重，他也堅持要給讀者有品質的作品。之後，他又以品牌發展尚不完滿的理由，拒絕了另一家出版社的約稿，直到最後一位編輯的出現。她真誠地向吳大偉述說文章給自己帶來的感動，並真誠地希望可以出版他的作品。吳大偉欣然同意，回饋以《這世界，缺你不可》。

《這世界，缺你不可》由十四個暖心故事及十五篇勵志隨筆組成，既有充滿幻想的莫內花園、被規則和流言卡住的方臉貓、充滿遺憾與美好的初戀……，這些都是吳大偉想像中的、身邊發生的、曾經經歷過，關於親情、友情、愛情及夢想與奮鬥的故事。作者以豐富的想像力，為讀者描述了一個個奇幻絢爛的世界。

同樣是青年作家的盧思浩這樣評價他：「大偉是一個溫柔的人，所以他能夠把身邊的故事寫得很溫柔。明明是離別，他可以從裡面看到相遇的價值；明明是失敗，他可以從失望裡看到未來的希望。」

櫻花女神黃燦燦

二〇一三年夏，繼人大女神爆紅網路後，一名就讀於武漢大學的素顏女生黃燦燦，再度引爆大家的關注，憑藉著一組櫻花照被封為「櫻花女神」的黃燦燦迅速暴走網路。

黃燦燦清純脫俗，大家都評論黃燦燦有天使般的面貌，魔鬼般的身材。她瞬間走紅網路，迷倒千萬宅男，成為人人皆知的國民新女神，還被人封為「武大校花」。

從一名沒沒無聞的女大學生，搖身一變成為網路紅人，上熱搜、開網店、接活動、拍電影，黃燦燦儼然已從美圖圈打進娛樂圈，黃燦燦的走紅絕非偶然！那麼，黃燦燦爆紅的原因是什麼呢？

很多美女從奶茶妹妹的一夜爆紅中找到了方法和範本，隨後，她們紛紛效仿，只希望自己也能一夜成名！當時人大女神康逸琨被瘋傳，各大網路都在轉載她的照片；不久後，各大網站就出現武大女神秒殺人大女神的新聞，這很明題是一種借勢炒作。

二〇一三年，黃燦燦利用餵小動物在天涯以「愛心女孩」這個話題進行炒作，但由於擺拍明顯而惹來爭議。

二〇一三年七月二十六日，黃燦燦參加在上海喜馬拉雅中心舉辦的「星耀女神」評選活動，最終以兩百五十三萬三千六百三十六票的票數贏得第二名，以清純靚麗的外貌征服大批宅男的心，但那時還沒有紅起來。

因為對攝影的喜愛，大學時期，黃燦燦加入了學校攝影協會，還沒來得及買相機，她就變成了模特兒，也是在這樣的積累中，拍了很多照片。

也許是一次巧合，也許是精心的策劃和安排，後來因為武漢大學的一場校慶，黃燦燦發了一組學長替她拍的櫻花寫真，一時之間，各大網路紛紛轉載照片，她迅速紅起來，又獲得了一個「櫻花女神」的頭銜。因為有了一點兒影響力，湖南衛視聯繫到她，參加了節目錄製。

二〇一三年八月十六日，黃燦燦參與《天天向上》節目的「我在大學等你」的單元錄製，自嘲自己是女漢子，全場賣萌，跳民族舞、大講冷笑話，全然沒有女神架子的黃燦燦讓人大跌眼鏡。因為極有個性的性格特點，她的鋒頭力壓其他校花女神。

參與節目錄製之後，顯然為她贏來更多機會，電視節目、經紀公司、製片人紛紛向她投來橄欖枝。

二〇一四年十二月，黃燦燦參加《奔跑吧兄弟》節目的「三校爭霸賽」單元的錄製，節目中，Angelababy初遇武大校花黃燦燦，直言「果然是女神啊！」黃燦燦還跟著奔跑團挑戰繞口令，在車上跟鄭愷對唱「屋頂」；節目播出後，有網友甚至說：「櫻花女神秒殺了Angelababy。」

據相關資料顯示，「武大女神」與「黃燦燦」兩個相關熱搜詞在百度搜索風雲榜排名前三，微博搜索熱門話題排行第一，貓撲論壇帖總計瀏覽量超過兩百萬次，媒體網路新聞報導兩千多條，各種私照、美圖瘋傳網路和視頻，竄紅速度之快令人瞠目，其鋒頭已然蓋過北大校花、北影女神等。

各大學女神中不乏白富美、學霸，論顏值、身材，黃燦燦肯定不是排第一的，但她的鋒頭就是能夠蓋過其他人，獨領風騷。顯然，在當下「網紅臉」已經讓網友們產生「審美疲勞」並爆發「臉盲症」，武大女神的走紅與其清純的氣質密不可分，在大趨勢之下，能保持自己的獨特性才是出眾的必殺技。黃燦燦是幸運的，她從網路開始步入了明星之路。

在一次採訪中，黃燦燦這樣說：「拍電影很有意思，和學校裡學習的理論、演舞台劇是不一樣的，舞台劇享受的是當下的發揮、觀眾的反饋，但十年、二十年以後，我能看回自己參演的影視作品，所以我喜歡當演員。」

很顯然，擁有了足夠的人氣，學習表演的黃燦燦最終目的是進入娛樂圈。現實中，黃燦燦與演藝圈的緣分像無意中掉進兔子洞的艾莉絲；光怪陸離的演藝圈，等著的是未知與奇妙的旅程……。

二〇一四年，黃燦燦參演電影《愛情麻辣燙之情定終身》並與主角何潤東一起亮相上海電影節開幕式紅毯，該片便是黃燦燦的銀幕首秀。

二〇一五年，黃燦燦參演了由梁詠琪首次轉型擔任製片人的電影《泡沫之夏》，並在影片中挑戰女主角「尹夏沫」一角。黃燦燦由網紅轉型為演員，正式進入了娛樂圈。

第五章

變革，網紅經濟的發展趨勢

中國網紅經濟的特徵

網紅經濟為網路資源創造了市場價值使運營者獲得額外收入，在利益驅使下，越來越多人加入網紅隊伍中，目前一百萬數目的網紅只不過是網紅經濟產物的開胃菜。

國外的網紅經濟到哪一步？

微信行銷的紅利時代已經過去，二〇一六年進入了全新的全媒體行銷時代，網紅經濟、社群經濟成了行銷的新趨勢。自從Papi醬獲得人民幣一千兩百萬元的投資之後，網紅發展的趨勢迅猛，不少人問：「網紅經濟能紅多久？」

國外比較成熟的網紅體系不外乎美國跟歐洲。歐洲部落客、網紅的發展跟美國的比較類似，統稱「歐美現象」，他們使用的基本上是FACEBOOK和部落格。在起初三、四年的時間裡，部落客以發照片為主；他們本身都是很棒的內容製作者：高顏值、文案家及攝影家；依靠好看、好玩、好理解的創意和有趣、有料、有賣點的內容賺取廣告主的錢；和粉絲溝通主要經由視頻和圖片。

但是，因為自媒體的發展，他們從二〇一五年開始淡化自己的部落格，但也並非完全退出。在Instagram成為歐洲網紅發布照片和日常活動的主打社交媒體平台後，很多部落客會在Instagram更新，然後慢慢地減少部落格的更新。

網紅經濟、互聯網，以及高科技

美國人，特別是千禧一代十分依賴網路，加上對新科技感覺靈敏，所以越來越多人尋求網路途徑成名。隨著媒體形式的變革，他們開始轉戰視頻和直播平台，並不斷跨越大量的社交媒體。同樣的內容在不同的手機應用和平台上一起發力，連動媒體實現宣傳多元化，當然這樣的效果多數由團隊共同經營。

所以，在歐洲，網紅也正成為新興的賺錢職業，有不少年輕人為之奮鬥，不過出名靠運氣，保持靠實力。

英國被稱為是歐洲網紅職業化的孵化園，除卻本國青年慕名應聘網紅，還有不少其他國家的年輕人前往英國，就是為了藉助英國良好的網路商業氛圍，將網紅運營成一項事業。靠直播遊戲實況變身全球網路首富的紅人Pew Die Pie，就是英國網紅職業化的一個典範。而中國的情況又是怎樣呢？

中國網紅經濟的四大特徵

多元化

網路紅人簡稱「網紅」，可以是平民達人、意見領袖，也可以是明星、教授等知識份子，其身分並不局限於年齡職業，也不局限於露胸賣萌。早期網紅的成名大多存在偶然性，但盤點近年的網路紅人事件，比如天仙妹妹、奶茶妹妹、「網路小胖」……，從中不難看出「網路推手」和「網路水軍」們的蹤影。

隨著自媒體的出現，公眾在其影響下接受的資訊趨向碎片化、微閱讀及讀圖，網路紅人根據自身優勢而從事的項目也趨向多元化及職業化：有線上直播美容化妝的微博主，有ＤＩＹ烹飪各種美食的達人，有在國外生活、傳遞外面資訊的大Ｖ，也有犀利點評時尚和娛樂的微信公眾號，網紅涉及的範圍更廣。

比如羅輯思維、吳曉波頻道、萬能的大熊等網紅，將自製的內容推送至媒體便是他們的日常工作。

視頻化

中國短視頻的歷史其實並不久遠，一款不得不提的軟體就是：微視。這款軟體於二〇一三年九月上線，二〇一五年三月被宣布戰略放棄，雖然只有不到兩年的壽命，卻用大量廣告砸出號稱四千五百萬規模的使用者，並培養了短視頻領域的第一代ＵＧＣ（User Generated Content：使用者原創內容），比如能扮醜、能賣萌、能搞怪的黃文煜。

黃文煜坐擁幾百萬粉絲，當時還是一名大學生，工具雖然是簡單的手機，卻已經能解決拍攝、剪輯、配樂、上傳等一系列問題。兩、三年之後，智能手機和Wifi普及，4G時代強勢升級，短視頻終於迎來前所未有的春天。

早在多年前，美國的各種達人就在Youtube視頻化了，美妝達人Michelle Phan都不知道紅了多少年，而中國的優酷、土豆，這麼多年也沒培養出一個達人，可見科技是第一生產力。

隨著無線覆蓋的大範圍增加，軟體提速，用手機看視頻成為普遍的閱讀習慣，從美拍到秒拍再到小咖秀，短視頻的產品數量暴增，並迅速成為人們社交化需求的典範。

愛奇藝創始人、執行長龔宇曾在公開場合表示：「自媒體極有可能成為互聯網視頻劃時代的全新的內容形式。」不可否認，短視頻時代優質的內容視頻產品將會得到更多人的認可，當然也會湧現出越來越受歡迎的使用者原創內容產品，未來還可能出現更多類似Papi醬的短視頻網路紅人。

專業化

會吐槽、擅長搞笑，也是生產力，前有同道大叔、小野妹子學吐槽，後有Papi醬。靠著短視頻「吐槽」，在微博成功彙聚大量粉絲的最根本的原因是：原創成為網紅經濟的新勢力。Papi醬是中央戲劇學院導演系的學生，其每一部視頻都經過團隊嚴格的策劃、拍攝和剪輯，並不是以往隨便拍幾張照片就能網羅粉絲那麼簡單。

隨著市場的成熟，僅憑「網紅臉」刷淘寶店的模式將受到挑戰。未來網紅經濟將日益細分和差異化，類似Papi醬這樣的優質原創內容會越來越多。

運營多元化

網路最大的資源其實是平台，任何人都可以發表資訊供人分享，而且大部分是免費，有些商家甚至會獎勵用戶分享。Papi醬在微博走紅之後，沒有局限於單一的平台，而是輻射到多個平台：微博、微信、今日頭條、秒拍、優酷，甚至在AB站、知乎和豆瓣都投放了自己的視頻，確保用戶打開任何平台後，都能夠第一時間看到Papi醬的身影。在中國能做到這樣全平台管道的網路紅人並不多，Papi醬算是運營很成功的一個。

多平台內容分發已經是商業運營模式的趨勢，單靠一種媒體平台很難獲得受眾的推薦和支持。當然，再好的媒體資源沒有內容做支撐，也很難獲取點擊量。

從運營上說，Papi醬已經將個體團隊轉為公司化運營。網紅本身具有很高的流量，但為了提升內容品質、持續擴大自己在粉絲群中的影響，網紅不得不從個體向團隊公司運營的方向發展，或許這就是Papi醬願意接受投資的原因。

網紅本身雖然是熱門ＩＰ資產，並有商業變現的價值，但變現管道有限。目前除了服裝行業，其他行業的網紅變現平台還沒有真正建立。雖然，優酷、土豆等視頻網站彙集了多家自媒體，但它們卻是通過受眾人群瀏覽微信公號、訪問微店等一站式電商變現，視頻網站本身並沒有從中獲益。所以網紅經濟未來的發展趨勢如何，還要看各大網站在網紅經濟中找尋到的收益方式如何，畢竟商業有利益才能運作。

儘管如此，目前網紅的收益方式已經呈多元化發展。除了動輒談到的淘寶店之外，網紅運營更多的還有品牌的植入：代言，廣告，甚至拍影視劇。

網紅經濟近年來一直受到資本方的眾多關注，由於網紅不確定性強、用戶熱情持續時間短，業內對其一直是擔憂居多。但是，未來不管是文化還是娛樂行業必將迎來大爆發，相信網紅到時也將發揮出巨大潛力！

網紅經濟市場供需分析

網紅經濟背景分析

二〇一六年，隨著Papi醬的竄紅，並計畫於四月二十一日在阿里巴巴平台開拍廣告，「網紅經濟」這個名詞被徹底啟動，從淘寶達人到電競主播以及產業鏈的經紀公司，網紅正在影響我們的生活，網紅對消費者的影響力越來越大，網紅經濟已然成為時代的大趨勢。

一線網紅的行銷價值超千萬

網紅往往是指藉由互聯網聚積粉絲後逐漸走紅的人。一份研究報告稱，網紅經濟市場規模已過千億元人民幣，電商、廣告、打賞、付費服務、線下活動是目前網紅主要的變現方式。

淘寶資料顯示，在淘寶女裝類目中，目前月銷量過百萬的網紅店鋪約有一千家。在二〇一五年「六一八大促」中，銷量前十的淘寶女裝店鋪有七家來自網紅。其中的代表：雪梨的淘寶店「錢夫人」，二〇一五年年銷售額超過人民幣兩億元。據瞭解，網紅店鋪的毛利率和淨利潤率分別高達百分之四十和百分之三十。

當下，經營電商或與電商平台合作正成為網紅變現的主要方式。網紅跟電商的合作收入以銷售分成為主。一般而言，網紅少則分到銷售額的百分之十，多則超過百分之五十。業內人士透露，通常會根據網紅的影響力、粉絲轉化率、潛質和風格來考慮分成的比率。

網紅改革行銷模式

跟傳統的銷售方式相比，網紅更注重與粉絲的互動和個性化生產。與傳統電商相比，網紅電商的吸金能力更強一些。網紅推銷的產品讓消費者獲得在產品之外的情感價值和體驗，滿足顧客更具個性的需求，這為普通產品帶來了品牌溢價或軟價值。

產業鏈重組的特色

網紅經濟，是新經濟中誕生的一個全新經濟角色，展現了互聯網在供需兩端形成的裂變效應，這個角色在製造商、設計者、銷售者、消費者和服務者之間，產生了全新的連接。

以網紅為代表的這些人作為內容生產者，既生產內容又生產產品。傳統的零售模式，太機械化而不利於小眾品牌；網紅經濟則更多「人」的部分，有更多情感的體驗。

用戶在淘寶、京東等傳統電商上購買商品時，主要按價格或銷量排序，價格高、銷量低的，賣得少；而賣得越少，經銷商資金積壓的時間就越長，成本壓力越大，賣得就越貴，越貴就越沒人買。

網紅經濟則能很有效地打破這種惡性循環。法拉利曾舉辦過一場別有新意的活動，他們安排了一個品酒會，現場邀請了幾十個網紅直播，這個品牌被瞬間引爆。引爆後，經由網紅向粉絲預售，價格統一且更加優惠，因為供應鏈可直接對接到法拉利的出口總代理。

就目前的發展態勢和參與度來看，網紅經濟大潮才剛剛開始，千億市場也只是一個開端。在個性化、碎片化的趨勢下，網紅作為一個特殊群體，將變成未來經濟產業重構組重要力量。

資本入局網紅產業鏈

據資料分析可知，伴隨著網紅盈利能力與商業價值的提升，再加上微博、淘寶等大平台的支持，目前正值行業的加速擴張期，以後將會有大批參與者湧入網紅市場。

目前，資本在網紅經濟的投資方向主要有兩種：一種是網紅個體，這是源於網紅人格化的迅速發展；另一種是平台，這是傳統資本更加青睞的一種投資管道，因為平台容易產生更多網紅，有更多的可能。

網紅引領生活方式

當今時代，經濟飛速發展，中產階級蓬勃壯大，人們的消費方式也逐漸趨向多元化，大眾追求的不再只是物質領域的滿足，更需要精神領域的充實，一些高品質的網紅能夠引領消費和生活方式，並且有鮮明的性格特徵。

網紅背後的龐大市場

根據協力廠商資料機構TalkingData的「二〇一五移動視頻應用行業報告」顯示：在所有移動視頻應用中，短視頻應用數量最少，僅占百分之六點一，但其使用者數增長幅度卻是最大的，同比增長百分之四百零一點三。每日統計的熱門微博前十位，從「幾乎看不到視頻」變成「一半以上都帶有視頻」。

智慧手機與移動網路的普及，使視頻傳播更加便捷，只要有人轉載某一個視頻，就相當於做了一次免費傳播。在視頻裡面放置廣告，可以有效轉化成存量用戶。

二〇一三年，美拍、秒拍、微視、微可拍等中國短視頻應用相繼上線。新浪微博資料顯示，二〇一五年第四季度微博內的視頻日均播放量達到了二點九億次，環比增長百分之五十三。在國外，二〇一五年十一月，Facebook每天的視頻觀看量超過八十億次，而中國的秒拍與小咖秀日均播放量超過五億次。

網紅與短視頻的關係

根據新浪與北大聯合發布的「九〇後媒介使用習慣研究報告」，七成以上的九〇後，每天接觸手機的時間在兩小時以上，平均每天接觸手機的時間是三點八小時，這從另一個角度促進了網紅隊伍的壯大。

一個事實是，網紅在短視頻行業興起前就已經存在，短視頻與網紅其實是凹凸互補。對UGC製作者來說，一支手機就可以完成拍攝、剪輯和分享的全部流程，甚至自帶美顏功能，使視頻製作更加便捷。類似Papi醬的網紅們之所以快速走紅，不僅是抓住了短視頻的紅利，還在於其解構調侃的風格，視頻遍布年輕使用者的話題點，從而產生價值上的共鳴。

如今，短視頻與品牌更容易結合、進行植入，傳播也更快。短視頻既是內容也是廣告，商業化也相對便利。秒拍已經成立專門的網紅經紀公司，提供廣告主和流量。在秒拍每天五億的流量中，有一億指向網紅，這既是運營策略，又是用戶需求使然。

網紅經濟未來市場分析

秒拍與美拍都表示，短視頻平台還處於使用者增長期，大規模商業變現並未啟動。其現有的營利主要靠植入廣告和付費打賞。另一個視頻應用小咖秀，則可以藉由影視散布獲得收益。

同時，中國視頻網站此前一直希望複製的Youtube模式，正在短視頻平台上出現。長視頻形態更多是以ＰＧＣ（專業生產內容）為核心，以電影電視劇娛樂節目為主要內容。

網紅的火熱只是剛開始，主宰當下一切的，畢竟還是網路生態環境下，內容重新獲取流量分配主導權的新生態。網紅及其內容迅速取代電視台與傳統節目，下一步將會與傳統明星合二為一，而內容為王的新邏輯絕不會僅止步於造星與娛樂。

新生態的關鍵在於內容，而內容的關鍵在於人

時下大家紛紛提到投資團隊和投資穩定的內容生產能力的重要性，然而團隊與規模生產並不能保證品質。團隊與機構只是輔助角色，最關鍵的還是核心人物。

網紅絕不是偶然爆紅，沒有富有靈氣與感覺的特殊個體，絕難出現類似Papi醬的爆紅案例。在內容為王的時代，單純依靠量的堆砌無法取勝，真正可靠的模式是組建自己的強大幕後團隊。

內容產品的核心在於內容的品質。團隊、機構與工業流水線生成等外部資源，只能放大或增強調性，只有內容創造的核心個人才具備做意見領袖的能力，也才能長久地吸引大批粉絲。

抓住趨勢發展，不斷進行內容創新

新的內容形式會帶來生產傳播與消費的新變化，就像微博取代部落格、微信搶占通訊和網路交流平台市場、視頻直播平台造就網路主播，新的事物總是帶來巨大的流量紅利。

優質的網紅需要結合自身的內容調性與受眾人群的特點，選取與時事相貼合的內容、結合傳播平台以及傳播策略，不斷創新才能不斷向前發展。

順勢而為，現象級爆紅不可模仿

在內容垂直化、受眾圈層化、傳播節點垂直化的背景下，橫向擊穿的現象級人物或欄目將不再是常態。在這股不可逆轉的大趨勢下，網紅的現象級橫向擊穿只會是偶發事件，需要太多不可控外部因素的機緣巧合。

Papi醬的模式是不可複製的。下一個爆紅的網紅，也不知道會在什麼樣的形式下出現。

互聯網經濟的去中心化大潮

時代的車輪飛速向前，互聯網的觸角已經伸進生活的每一個角落，世界變成一張巨大的網。

互聯網的本質是立體、全方位、全時空的連接，打破了人類社會幾千年來傳統的單一中心模式，將金字塔型的社會結構全面扁平化。

「勢在．必行：二〇一五『互聯網＋』與中國峰會」進一步探討了「互聯網＋」的發展趨勢與前景，騰訊董事會主席兼首席執行長馬化騰提出騰訊布局「互聯網＋」的幾個關鍵字：去中心化、「互聯網＋」，生態圈和眾創空間。

馬化騰替未來描繪了一個全新的世界，「互聯網＋」世界那麼大，卻不再像一個集市，而是「去中心化」。「中心化」如何定義？「去中心化」又是怎麼一回事？通俗來講，中心化是指幾個經過認證的嘉賓在「講話」，所有其他人在聽；去中心化是指每個人都可以「講話」，每個人都可以選擇聽或講。

其實中心化的典型例子是門戶網站，比如Facebook、Twitter等正在成為更集中的中心；去中心化的典型例子是部落格、UGC、社交媒體等。

去中心化並不等同於以後沒有任何大型的門戶網站，同時也不能把大網站列為都是中心化的，去中心化只是指技術對普通用戶的賦權，並不是人人平等的意思，總會有一類人更善於利用技術賦與的可能性，有人則不善於利用或不在乎。

傳統企業的「去中心化」典型：眾籌咖啡館

兩百位「七〇後」北大畢業生，正處於事業發展高峰期，有錢、有資源、仍想繼續走上事業高峰，他們分別拿出人民幣三萬元至四萬元參與眾籌，全部聘用專業的外部團隊運營。

集資者不參與具體事務，只對咖啡館的管理、財務和經營問題進行監督和彙報。但兩百位眾籌者每人可有人民幣三萬或四萬兩種金額的咖啡券，可以到任意門市消費。這些眾籌者可以利用咖啡的場所資源做成很多項目，以此為回報。這是典型的「羊毛出在狗身上，豬來買單」。

在眾籌咖啡館的背後，我們看到了平等民主、開放自由的精神。對眾籌者身分的限制，其實是對合作夥伴能力的篩選，為平台的健康發展奠定了基礎。再者，咖啡館的所有人不屬於任何一個股東，都是專業團隊在經營，兩百人輪值管理，這是去中心化的思維。

而兩百位參與眾籌的人都在供養著咖啡館，咖啡館本身是非常中心化和集權的，為這兩百位股東提供更多資源、更好的溝通交流場所和更廣的人脈關係，讓咖啡館一直存在，可以讓整個平台一直繁榮昌盛。

去中心化是為了讓咖啡館的管理模式、經營方式、財務制度等更加透明和先進，這是一種商業文明。結果是咖啡館這個主體永久存在並不斷壯大，能力越來越強，這本身則是一種集權。

互聯網金融企業的「去中心化」

銀行曾是金融業中壟斷市場的寡頭，這是傳統商業中一種常見的業態。時至今日，互聯網金融發展迅速，協力廠商支付、網上銀行等已經融入人們的生活，銀行已不再是人們的唯一選擇，它的中心化特性被削弱，去中心化趨勢愈發明顯。互聯網金融藉由發展多元化以及深耕的投資形式吸引用戶、讓用戶獲得投資理財良好體驗的同時，也增加了用戶的收入。

用戶在此基礎上，會將投資過程分享給家人朋友，無形中發揮宣傳企業的作用，從而逐漸形成企業口碑，降低企業宣傳推廣的成本，穩固企業位置，提高企業收益。

企業通過「去中心化」的方式慢慢蠶食傳統金融，增加競爭優勢，讓自己成王。此舉無論是在客戶層面還是管道層面都是可行的。去中心化讓企業的經營方式、管理模式、財務制度等更加透明公開，其實也是商業文明進步的體現。無論傳統還是網路的行業，中心化和去中心化都被最大限度地利用。

讓我們再來看看百度和騰訊的微信，其開放的主要目的還是為了吸引更多的合作夥伴，在自己的平台上為使用者提供服務，與對手形成競爭壁壘，從而更加集權，或者說壟斷。不要把去中心化當成目標，去中心化是實現集權的最優手段。所謂去中心化，本質上就是多中心化，沒有中心就是人人都是中心！

企業的去中心化已成為大趨勢

互聯網用戶個性化的影響

互聯網時代用戶的角色、行為和力量都發生了根本變化，用戶變得見多識廣，世界各地資訊相互連接，消極消費變為積極消費，激發了用戶的多樣化需求；以企業為中心的產銷格局，轉變為以用戶為中心的全新格局。

用戶需求趨向於個性化、多樣化和定製化，促使企業需要以使用者為導向、以需求為核心，進行組織形式和經營策略的變革，將管理者手中的權力全部讓位，讓每個員工成為市場中心，真正去中心化的同時，進一步提升了企業的敏捷性和柔性化程度。

網路化協同創新平台的助力

互聯網具有開放性和快速反覆運算的特點，每個行業都在不斷拓展創新的廣度和深度，尋求協同合作夥伴。網路化協同創新平台帶來行業創新模式的改變，是企業去中心化的重要引擎。

企業利用此種方式可以在短時間內以開放、合作、共用的創新模式，整合內外部資源，促進產業鏈上下游企業高度協同，用戶可深度參與，充分調動各主體的積極性和創造性，開展深度合作和反覆運算創新，縮短產品研發週期，提高企業對市場的快速反應能力。

企業去中心化的必要條件

網路化資訊傳遞方式大幅提升了組織模式的效率，支援企業走上「去中心化」道路。互聯網把傳統的單點資訊傳遞方式，逐漸轉變為網路化、扁平化、同步快速的資訊傳遞方式，將促進市場主體提高資訊搜索、獲取、分享、溝通的效率，同時降低了成本，使用戶和產業鏈上下游企業等主體之間，能夠充分發揮協同效應，加強企業內部不同業務和功能模組的「小微企業」化，發揮企業自主經營、決策等能力。

互聯網企業的去中心化，使平台上出現各種各樣越來越具有個性的商品，而資訊透明會讓這些可以通過參數比較好壞的產品，集中到少數幾家有優勢的企業。

對於大批量有差別的商品，比如服裝、工藝品，則會在方便和個性化的推動下出現平台。在這點上，我們可以更清楚地看到中心化和去中心化並行的趨勢。

電商平台和各種商品、商家是這種關係，遊戲與分發，乃至打通遊戲帳戶體系、提供虛擬貨幣的平台，也是這種關係，寫手與小說平台是這種關係，搜索與被搜索的內容也是這種關係。

企業要加強去中心化的速度，建議先從下面幾個方面改進：

◆網路基礎設施的改造和提升，支撐服務能力。

◆培養和引進創新型專業化人才。

◆充分發揮行業聯盟整合相關資源的優勢。

網紅經濟

移動互聯網時代的千億紅利市場

互聯網對社會而言，也許更像是一場帶著陣痛的變革。如果只看中心化，世界是很悲觀的；如果只看去中心化，世界則是過於樂觀。未來更可能是這兩者疊加出來的一種形態。

網紅經濟是時代風雲變幻的特殊產物，同時也是一種必然。挑戰有先天優勢的傳統企業，去中心化的方式，其實也是一種新型的思維，藉由去中心化實現的投資行為更是順勢而為，是當前經濟環境順水推舟的結果，是歷史潮流的產物。

被網紅經濟影響的六大行業

在移動互聯網時代，隨著操作方式和技術的改變，平台對使用者資料的獲取維度不斷增加，在資料層面已經具備了產品精準行銷的條件。

從網紅到網紅經濟，較之傳統PC時代，資料獲取的維度無限增大，給予了網紅們強大的變現能力，商業模式也隨之變革。

隨著網紅盈利能力與商業價值的逐步顯現，一些資本開始深度介入網紅經濟，甚至以產業鏈的方式，打造網紅個體或者平台。

從微商培訓轉向網紅培訓的自媒體人方雨，對網紅經濟背後的投資機會充滿信心。他認為：如果誰能另闢蹊徑，滿足網紅產業鏈當中的某個環節，賺到的錢可能比做網紅更多。

從網紅經濟的產業鏈來看，上游包括經紀公司、孵化機構等打造網紅的系列公司，同時帶動著美容、攝影、文案編輯等多個環節；中游包括社交平台微博、微信和視頻直播平台，為網紅傳播推波助瀾；下游則是電商、廣告等變現管道。網紅產業鏈不斷延伸的趨勢，吸引著資本的青睞。

撐起半邊天的電商行業

網紅經濟正悄然顛覆傳統經濟模式，首當其衝的是電商行業。網紅經濟撐起了電商創業的半邊天，電商服務行業因為網紅的介入，被推到了風口浪尖。網紅與電商相遇，也正在逐步改變以往的電商行銷模式。與前幾年相比，當前的網紅不僅能夠「吸睛」，更能「吸金」。其商業價值被充分挖掘出來，「網紅＋電商＋廣告」，已經成為網紅變現的標準配備。在短期內，技術、品質無法根本性提升的情況下，網紅實際上為產品賦與了更多的軟價值。

首先，與傳統電商相比，網紅電商模式的出現，有效地解決了淘寶和天貓因拓展國際業務，不得不將流量分給海外業務，從而使國內電商在獲取流量時遭遇瓶頸的問題。網紅可利用自身優勢，從微博、微信等埠導入額外流量，而不需要依賴淘寶本身，所以網紅被稱為「自帶流量」。

第二，與傳統電商的銷售方式相比，網紅注重在店鋪推出新產品之前，經由各大社交平台徵集粉絲意見和需求，或為其量身定做，從選料、設計到製作，再到搭配全程提供個性化和互動化生產，並且在產品上架後積極向粉絲推廣展示。

第三，網紅電商多了一個服裝潮流領袖，這與傳統店鋪的模特兒有很大區別。網紅以理解潮流及粉絲的個性喜好為出發點，對核心環節——產品、款式、設計思路選擇等自主把控，相當於線上平台的產品經理；而店鋪只負責管理供應鏈。

第四，與傳統電商相比，網紅店鋪的商品品質並非更有保障或有實質性的改變，而是因為粉絲們在獲得產品之外，還得到了情感價值和體驗，滿足了自我的個性化需求，這為普通產品帶來了品牌溢價。

第五，網紅店鋪解決了傳統電商供應鏈效率低、庫存高和資金周轉慢的問題。網紅電商開啟的預售模式，按訂單需求在預售期內完成生產，在開啟精準行銷的同時，減少了服裝製造業的成本支出和不必要的經濟浪費。

二〇一五年八月，淘寶在上海舉辦了一場網紅現象溝通會，並公布了官方資料：截至當月，淘寶平台已經有超過一千家網紅店鋪，部分網紅店鋪上架新產品時的成交額，可破千萬元人民幣。

淘寶資料顯示，目前在淘寶女裝類目中，月銷售過百萬元人民幣的網紅店鋪約有一千家。二〇一五年「六一八」大促中，銷量前十的淘寶女裝店鋪有七家來自網紅。據了解，網紅店鋪的毛利率和淨利潤率，分別高達百分之四十和百分之三十。招商證券一份研究報告稱，網紅經濟市場規模已過千億元人民幣，電商、廣告、打賞、付費服務、線下活動，是目前網紅主要的變現方式。

阿里讓網紅參與電商，並非簡單利用網紅的粉絲經濟，而是希望藉網紅的粉絲效益，在用戶和商家層面，實現生態體系內的用戶粉絲化運營，這是對傳統流量思維的重大挑戰。此前，阿里經由收購入股等形式，在基礎產品層面實現為內容化作準備，內容供應商廣泛參與其中，而阿里內容驅動型電商的大幕才剛剛拉開。

野蠻生長的物流行業

當前繁榮的物流業，顯然是互聯網的產物，傳統電商帶動了行業的崛起，隨著網紅店鋪銷量的增加，物流行業將進一步光芒四射，有誰還記得曾經的郵政平郵？

預測未來將會出現幾足鼎立的局面，小型物流不是被大型物流吃掉，就是自生自滅，活下來的幾大物流企業，勢必會建立起屬於自己的完備整套流程。它們將隨著互聯網的繁榮而崛起，在競爭中優化服務，無須阿里的參與，這些物流公司都會建立起完美的、超越以往的服務。

死而不僵的新聞行業

網路媒體的全球擴張過程中，很多網紅自媒體也迅速占領互聯網。為新聞機構貢獻營收的受眾規模正在變小，或者至少是持平。

值得探索的情況是，數位新聞創業公司無須像傳統新聞機構那樣構建基礎設施，從而節省了一部分成本；但與此同時，這些公司需要承擔技術開發與維護的新成本。

社交網站成為新聞傳播的主要管道

最新資料還顯示，大約十分之一的社交網路使用者，曾發布自己拍攝的新聞視頻。所有線上新聞消費者中，百分之十一的人員曾向新聞網站或部落客提交自己製作的內容（包括視頻、照片、文章或評論觀點等）。

同樣重要的是，這些領域中的新聞職能已經發生了轉變。在社交網站甚至許多僅提供數位內容的新聞網站上，新聞內容與其他所有類型的內容混雜在一起，人們會在做其他事情的時候，無意中瀏覽到新聞內容。

這意味著，新聞內容有機會被那些本來可能錯過這些內容的消費者看到，但這種機會基本上並不掌握在新聞機構自己手中。

粉絲獲取的信息量大增，網紅帶來的生活化內容，無疑更能吸引粉絲的關注。在通過Facebook網站獲取新聞內容的消費者中，僅有三分之一左右，會關注一家新聞機構或一名新聞記者；在該網站上，消費者是藉由好友共用的方式獲取新聞內容。

電視行業併購成為潮流

在地方電視台收購交易的背後，主要推動力來自於電視台能向有線電視公司收取的內容轉播費用正在提高。就電視節目而言，這些交易帶來的結果是，同一個市場上有更多的電視台是聯合運營的，它們共用的內容與以往相比有所增加。截至二〇一四年年初，全美範圍內的兩百一十個地方電視台，將近一半存在聯合服務協定，而在二〇一一年僅為五十五個。

同時，自主製作新聞廣播內容的電視台數量也有所減少。目前而言，還很難評估這種形勢發展最終將對消費者造成什麼影響；但對於電視台母公司來說，其經濟效益卻毋庸置疑。

垂涎已久的醫藥行業

隨著京東、淘寶等B2C商家進軍網購市場，一場醫藥行業的互聯網之旅就此開啟。而B2B作為一個企業互聯網貿易平台，其對於醫藥行業的發展也是一個新的趨勢，醫藥市場即將迎來一場流通變革。

傳統醫藥流通模式的種種弊端日益顯露。藥品出廠後，經過多級藥品批發商分銷配送，不但加劇競爭，導致中國醫藥流通領域呈現多、小、散、亂的局面，而且造成流通環節市場集中度低，藥品價格逐級上跳。

中國互聯網實驗室董事長方興東認為，醫藥業是最適合電子商務的行業之一。國外醫藥電子商務巨頭早已將目光瞄準中國。同時，中國商康醫藥網、華源醫藥網、海虹醫藥電子商務網等機構，也開始介入B2B網路交易平台，為醫藥流通模式改革做出多種嘗試。醫藥行業進軍B2B市場並非一帆風順，體制和盈利模式還有待完善，如何才能真正妥善利用這個平台，是目前企業需要思考的問題。

被迫轉型的廣告行業

所有傳統廣告公司都在思考互聯網時代的生存問題。顯然，賴以生存的單一廣告模式已經終結，它的內生動力和發展動力已經過時。未來，廣告公司需要思考互聯網時代的傳播邏輯，並且要用互聯網創意思維和互聯網技術實現。

過去考驗廣告公司的是出大創意、拍大廣告片、做大平面廣告的能力，在互聯網語境下，考驗的則是即時創意、互聯網語境的創意能力、整合能力以及技術的創新和應用能力。

現在很多品牌都需要朋友圈轉發熱圖，網紅的資訊更是靠朋友圈的傳播而位居霸主地位，要求製作HTML5、微電影、資訊圖，以及與當下熱點結合的傳播創意，這些都在考驗創意能力。新創意公司和內容主導的廣告公司還有很大的潛力。

另外，依託於程式化購買新精準技術，以優化互聯網廣告投放的技術公司也將成為新的市場。總的來說，互聯網語境加上創意、技術與實效的協同，才是「互聯網＋」下的廣告公司的出路。

迅猛發展的視頻行業

互聯網產業將以創新的方式梳理整個行業，「未來影視公司都將為ＢＡＴ

（BAT是中國互聯網公司百度公司（Baidu）、阿里巴巴集團（Alibaba）、騰訊公司（Tencent）三家公司的第一個字母縮寫）打工」，一語成讖。二〇一四年，BAT巨頭們挾著龐大的資本與渠道資源，將觸角伸向星光閃耀的影視圈，開始攜網民的力量改變影視業。

網紅經濟下掀起的視頻熱潮紅遍了各大視頻平台，從《屌絲男士》到《萬萬沒想到》，一系列與影視行業合作而紅翻天的網路劇備受粉絲關注。

二〇一六年三月，阿里巴巴推出「娛樂寶」，網民出資人民幣一百元即可投資影視劇作品，包括《小時代3》《小時代4》《狼圖騰》《非法操作》等。投資專案對接國華人壽旗下的一款終身壽險，一年期，預計年收益為百分之七。該產品推出後，二十四萬人預認購。更多人認為網紅利用視頻賺取了更多利潤，但不得不說，網紅經濟同時大大提升了視頻行業的價值。

網紅經濟的十大發展趨勢

當下，網紅發展十分迅速，其火爆程度令眾多業內人士驚訝。在「互聯網＋」的時代背景下，人們對網紅及網紅經濟的擔心顯得有些多餘。「未來互聯網的發展趨勢是螢幕、分享、注意力和流量」，這是美國著名的《連線》雜誌創始人《失控》作者凱文・凱利在二〇一三年騰訊智慧峰會上海站的經典概括。

可以說，互聯網的發展變化，為網紅及網紅經濟的發展帶來了極大的便利，也改變著網紅經濟的發展趨勢。隨著互聯網發展，網紅經濟也將找到自身的發展優勢，不斷擴大自己的影響力。

下面，我們將根據網紅經濟本身的特點，結合其在當下的發展情況，探討網紅經濟的發展趨勢。

網紅觀念不斷更新

在網紅的定義出現之前，網紅便已經產生。只不過，在互聯網的快速發展中，特別是「互聯網＋」時代，網紅經濟的理念才逐漸被人們提出，並得到廣泛的關注和認可，成為新經濟下一個重要的發展趨勢。

之所以如此，是因為人們的社會價值觀念發生著變化。如今是以消費為主導的社會，在物質產品極大豐富的情況下，人們開始重視個性化需求與自我展示；互聯網技術的變化和互聯網平台的多元化，使信息交流和傳播速度大大提升，降低了人們獲取這些資訊的成本，這是網紅經濟能夠從理論變為具體社會現象的前提。

就目前的情況來說，要想實現傳統產業和消費方式的重構，建立全新的經濟發展模式，網紅經濟是一種必然的選擇。互聯網新媒介的不斷發展，為新經濟發展模式的實踐提供了便利條件。

網紅經濟的規模不斷擴大

目前，網紅經濟的市場規模超過千億。在短期內，整個行業還將持續擴張，從電商平台的網紅到電競主播、再到移動視頻，網紅經濟的產業鏈變得非常的龐大，其規模可想而知。

就目前的網路資料來看，二〇一五年「雙十一」期間，數十家網紅店鋪完成了人民幣兩千萬元到五千萬元的銷售額，這一資料相當驚人，而一般的網紅店鋪在「雙十一」日上架新品，可達人民幣五百萬元到一千萬元的銷售額。淘寶女裝排行榜前十名的店鋪中，二〇一五年有七家為網紅店鋪；這些數據說明的僅僅是電商領域內，網紅創造的經濟傳奇。

中國的網紅經濟在近兩年才迅速發展，就已獲得驚人的成績。隨著人們個性化需求的不斷提升，以及互聯網平台更加的專業化，網紅經濟的規模將會進一步擴大。

網紅經濟範圍不斷拓展

互聯網的普及和技術的升級，改變了人們的消費行為和思維方式，在「互聯網＋」的背景下，網紅經濟顛覆了傳統經濟學中的一些理論。

網紅經濟最初的範圍十分狹窄，主要是電商領域內的價值創造，即在網路上實現人們對產品的選擇，以節省時間和經濟成本。

隨著互聯網技術的發展，以及移動終端設備在人們生活中的普及，更多人可以經由移動網路平台展示自己和獲取資訊。這替網紅經濟的發展帶來了極大的便利。網紅經濟的範圍也遠遠超過原有的實物範圍和電商領域，拓展到知識、資料、應用等方面。

網紅經濟內容不斷豐富

龐大的資料支撐和雲計算技術精確的把控，網紅經濟在電商領域實現了協同式的高效發展。移動互聯網作為媒介平台，經由物流、生產廠商、包裝等行業的系統合作，實現了網紅經濟的快速發展。僅以電商領域為例，網紅經濟涉及的內容，不僅包括買賣商品，還包括提供商品售後服務；同時，商家還可以為客戶打造一款獨家定製的商品，附贈一些商品使用的建議和資訊。

在移動互聯網技術的不斷發展下，網紅經濟涉及的內容也在不斷地豐富。這不僅滿足客戶的日常需求，又維護了客戶資源，提升了消費者購買的愉悅感，挖掘出一大批潛在的客戶。

網紅經濟形式不斷創新

在「互聯網＋」的時代背景下，網紅經濟是顛覆與重構傳統經濟產業的重要力量。作為一種新的經濟理念和商業發展模式，剛開始網紅經濟的形式主要表現在將數量龐大的粉絲變現上。

例如，火速發展的電商平台中，商家將自己長期積攢的粉絲數量變為實際的購買力，從而將粉絲變為資本。網紅經濟在不同領域滲透，也使網紅經濟的形式，不只限於通過生產商品達到變現，還能通過其他方式（例如服務等）達到變現的可能。

在網路技術不斷發展的時代，經濟的發展更離不開不同主體間的協作。網紅經濟正是在這種情形下發展和興盛起來。網紅經濟的發展必須在形式上不斷創新，才能適應時代的發展需求。

網紅經濟增量不斷做大

在以生產為主的社會中，資源的稀有不能滿足人們多方面的需求；而在消費盛行的現在，社會資源不僅能夠滿足人們多方面的需求，更可以滿足人們個性化的需求。因此，如何利用有限的資源，達到利益的最大化，並經由個性化需求的滿足增加付費內容，創造出更多的價值，就變得特別的重要。

在互聯網技術的支援下，人們展示自己變得更容易，也可以依據專業的資訊定製出獨一無二的專屬產品。這讓更具活力的網紅經濟成為可能，藉由瞭解客戶的要求，網紅可以快速地做出相應的反應，生產出客戶喜歡的產品，讓定製不再只屬於高級人士，而是每一位消費者。這就開拓了消費的另外一個領域，網紅經濟的增量因此不斷變大。

網紅經濟的價值不斷提升

在滿足個性化和多元化需求方面，傳統經濟已經開始走下坡；而以互聯網技術為支撐的網紅經濟，在這一方面卻更加得心應手。依託互聯網技術和社交平台，網紅經濟實現了資源的及時溝通，並滿足了面向客戶的個性化服務，它是向創新型和服務型發展的重要途徑。

網紅經濟的發展，顛覆了傳統價值理念和經濟模式，實現了對傳統經濟的升級和重構，為「大眾創業，萬眾創新」的理念提供了更真實的例子，拓展了新時代經濟發展的途徑。

促成網紅經濟發展的技術不斷優化

資訊技術的發展和互聯網的變化，使網紅經濟快速興起，並促成其爆發式的發展，激發出巨大的發展潛力。雲計算的出現，更是為商家或者內容生產者提供了相對精確的網路訪問資料，這些資源的快速提供，減少了商家和內容生產商的工作量，提高了服務的品質和速度。

互聯網和雲計算等技術的不斷優化，為網紅經濟提供了極大的便利條件，從而創造了更大的價值。網紅經濟從單純的社會現象，發展成為一個新的經濟增長模式。

網紅社交不斷擴大

網紅經濟關注資訊交流，關注消費者的購買需求，從而實現個性化定製。智慧終端機技術和移動互聯網的發展，為網紅社交的擴大鋪平道路。

人們不僅可以使用文字資訊，還可以獲取圖片和視頻資訊。網路社交形式和網路社交平台的多樣化，也使網紅經濟涉及的領域不斷地拓寬。

當微信尚未出現，ＱＱ還處於開始的階段時，網路資訊基本上藉由文字交流；在QQ急速發展的時候，圖片資訊可以藉由網路傳遞與共享，這時的社交無論從形式上還是內容上，都得到很大地擴展。進入視頻時代，人們不僅可以通過視頻瞭解更加真實的資訊，甚至可以通過直播的形式，獲取更加直觀的資訊。

網紅經濟不僅僅滲透到社交通訊，還在網遊、電商等平台也占據著重要的地位。可以說，無論形式還是內容，網紅社交都在不斷地擴大。

網紅經濟中的主體不斷換位

在互聯網技術不斷拓展「互聯網＋」的概念，並不斷深入的情況下，交易主體的持續融合成為商業活動的最大變化，賣家和買家的界限變得模糊不清。用戶可以在網上買一件衣服，這時是買家；如果對這件衣服不滿意，想賣出去，那麼就成了賣家。

藉助於互聯網的發展，用戶可以經由發布資訊，公布自己的需求，快速便利地找到商品；也可以瞬間變為賣家，將自己購置或是閒置的商品有償出售。

賣家和買家的界限變得不清晰，網紅經濟使每一個買家都有可能成為賣家，反之亦然。

在「互聯網＋」這種新的經濟模式下，「大眾創業，萬眾創新」將不再是口號，而將真正的成為現實。

可以說，在網紅經濟時代，企業或者商家比拚的不再是產品和服務的創新，而是對瞬息萬變的市場訊息的把握、精確的定位，以及快速的反應。

第六章

品牌，網紅經濟的戰略思考

網紅即品牌

開拓自有品牌，增加變現能力

網紅真正走紅是在二〇一五年「雙十一」、「雙十二」等促銷活動中。他們利用微博、微信等社交軟體，形成龐大的粉絲效應，藉由淘寶平台導入流量並迅速變現。

優他國際時尚品牌投資公司總裁楊大筠表示：「互聯網大潮下，依靠規模化經營的傳統服裝品牌已無法滿足市場需求，街頭潮牌，注重流行化、個性化的品牌，甚至是注重獨特設計的小眾品牌，將受到年輕消費者的追捧。」

淘寶服飾行業市場運營總監唐宋表示：淘寶、天貓到微博、微信等平台，正在加速粉絲經濟去中心化的趨勢，如今「九〇後」已成為消費主力，網紅經濟具有非常大的競爭優勢。

從供應端看，常規服裝電商的運營一般經過選款、上架新品、銷售、獲得流量，最後對尾款進行處理的過程，網紅模式則是藉由出樣衣拍照、粉絲互動回饋、打版投產以及上架銷售的流程，服裝上架新品的週期短且效率高。

但是，銷量不是雙方目標的全部，另一種改變正在悄然發生。日版、韓版、歐版……，都是淘寶上購買服飾類商品最常見的關鍵詞，這源於過去商家為迎合消費者對時尚的需求，而模仿國外的服飾設計項目。

然而，越來越多的網路紅人推出自己的時尚設計，多位網路紅人希望做出屬於中國人的潮牌。淘寶造就了網紅經濟，網紅經濟也將為淘寶帶來一個新的通道與空間——淘寶將成為中國本土快時尚的發祥地與聚流平台；中國第一家本土服飾快時尚品牌或將在淘寶誕生。

傳統企業的逐步轉型

「當前此類企業數量較少，但未來個人設計師品牌會占據相當大的比例。」賴陽表示。發展電商、APP、O2O等形式，並非傳統服飾企業的救命稻草，外在變革不能從根本上挽救傳統企業走向衰落的命運。

企業要生存，首先應考慮如何贏得消費者喜好、提高企業對消費者的價值。服裝行業的變革已然到來，只有考慮從個性設計、品牌價值、管道運營等多方面的內在變革，才能讓傳統服飾企業更具生命力。

「網紅是不經任何權威授權的權威，是市場自發的、民眾擁戴的品牌。這個概念非常重要，因為整個創業大家只在做一件事，就是創建品牌。無論是名演員、名導、名企、名人，他們都是一個品牌。大家知道企業的核心價值就是品牌。」徐小平說道。

從「虛擬人格」走向「真實人格」

網紅即品牌，這是時代發展的需要。品牌的「虛擬人格」在向「真實人格」轉變。以前的商品品牌是虛擬人格，現在是真實人格，這兩個的轉化效率是不一樣的。所以，大家可以從效率、視頻媒介轉變和電商轉化的角度看待網紅。

網紅是一個真實的人格魅力體，我們把它叫做「人格經濟」。一個人最多可以認識幾百個品牌，卻可以記憶一萬個人。所以我們會讓每一個人格對應一個品類。網紅就是他們的品牌代表，又那麼容易讓人記住。

品牌是一個很蹩腳的虛擬人格。肯德基是一個品牌，但它要經過很長的時間讓更多人相信它。社會太缺乏人格，人格也是大部分中國的品牌缺乏的。一個品牌具備了人格之後，商業價值可能就是之前的五十倍、一百倍。從這個角度看，投資網紅非常有價值。

例如，俞敏洪作為新東方的聯合創始人，創業之初，首先做的是拎著糨糊桶，在海淀大街小巷的電線杆上刷他的廣告，「在大街小巷布下了網路，海淀的電線杆是俞敏洪的互聯網」。後來，俞敏洪的行銷行為、品牌活動是演講。垃圾桶也是俞敏洪的互聯網，是俞敏洪的手機端。

再如陳歐創立聚美優品時還沒有微信，所以他參加了很多電視台的節目，比如《非你莫屬》；也在地鐵上做了很多廣告；後來在微博上做了代言體、陳歐體。他是這個時代的網紅，雖然已經藉助了互聯網，依然有傳統的方式。

投資一個網紅並努力變現，不僅是打造一個品牌、一個娛樂現象，而是要打造一個真正能夠長期伴隨我們的消費升級和商業發展的偉大品牌。

然而，三、五年前要創業，創業者必須先有商業、現金流，後才有品牌。網紅時代是先有品牌、先占領人心、先確立魅力人格體、先讓人們追捧你，然後再提供使用者和消費者需要的產品、豐富他們的生活、增加他們的樂趣。

每一個創業者都應該成為網紅，也都可以成為網紅。如果你不具備成為網紅的能力、潛力、魅力和影響力，那就不要創業了。因為創業創什麼？品牌。

藉由網紅增加消費者

二〇一五年網紅大放異彩，成為眾多品牌商眼中的「香餑餑」。但是，由於網紅個人標籤鮮明，如何妥善利用這把「利劍」，也成為品牌商們頭痛的問題。前不久，匯美集團成了那群最先開始吃螃蟹的人，玩起了社群粉絲經濟。

作為專業領域的意見領袖，將符合潮流趨勢且迎合自身粉絲偏好的產品推薦給消費者，既降低了消費者的購物難度，又獲取了更準確的需求資料，讓生產計畫更精準。直面消費者、建立強互動，這件品牌商最想實現的事情，在網紅身上成為可能。

由於網紅個人色彩濃厚，店鋪多以個人店鋪為主，品牌尚未形成體系。因此，儘管不少傳統以及互聯網企業對這一塊「香餑餑」蠢蠢欲動，但仍然按兵不動。站在這個風口上，匯美集團則做了那批最先開始吃螃蟹的人，開始「拚顏值」，玩起社群粉絲經濟。

早在匯美集團的年會上，董事長兼茵曼品牌創始人方建華表示：二〇一六年，匯美將傾力開拓電商社群業務線，簽約合作的人氣網紅將達到三十個以上，布局新生代「九〇後」、「九五後」的社群和粉絲經濟，推出網紅合作項目。以前，網紅由於供應鏈的不成熟和品牌建設經驗的缺乏而受到巨大挑戰。但是，如果有成熟品牌的產品開發和供應鏈體系做輔助，用正確運營品牌的模式讓這些人氣紅人轉型，將更利於做有氣質、有品質的品牌。在實現品牌成功上位的同時，網紅能建立起自身的核心競爭力。

匯美集團致力於打造個性化，比如「茵曼」和「生活在左」。「我們認為消費者已經發生變化了，現在在互聯網的時代，消費者越來越覺得，要穿出自己的個性，這是很重要的改變。在品牌的塑造上，要做出差異化服務某一類人，讓忠實的粉絲更忠實，而不做大而全的、大眾的東西。」網紅經濟產生的精準粉絲流量、鎖定特定人群，這與匯美集團創設品牌強調「小而美」的方向恰好一致，這裡有無限可以探索的空間。

網紅品牌的機遇與挑戰

與傳統品牌類似，網紅品牌的製造，首先得把網紅推向市場。品牌集聚後，便會形成完整的產業鏈，在目前的網紅3.0時代，網紅品牌背後的產業鏈已經初步顯現。

以網紅嗆口小辣椒為例，這對雙胞胎姐妹藉由在部落格上發布親身演繹的時裝搭配吸引粉絲，隨後躋身時尚主流媒體，與大品牌合作，創建自有品牌ZOWZOW，從而成為時尚部落客類網紅的典範，這種模式已在歐美成為一種較為成熟的商業模式。

當前，網路紅人逐步開始成立自己的工作室，自行設計、甚至自建工廠，走向品牌化。有業內人士認為，淘寶已經成為網紅推薦生活方式、醞釀自創品牌的平台。

趙岩介紹，大喜自製的核心設計款式放在自己的工廠生產，常規的搭配款就交給合作工廠，目前這家工廠有一百多名工人，承接日常店鋪中大概三分之一的需求，在淡季的時候能夠滿足店鋪的全部需求。作為獨立設計師的網紅店主陳小穎表示，未來想線下發展，開實體店，做中國的獨立品牌。

如今創業，創業者要做的是利用自媒體、新媒體、互聯網和移動互聯網，利用移動互聯網的一切手段，迅速讓自己的產品、公司和品牌被億萬人知道。而這一切已經成為可能，已經被網紅證明，並且必將被更多的網紅證明。

雖然淘寶紅人店鋪逐漸顯出清晰的商業模式，但短處同樣明顯，如缺乏供應鏈支援、團隊管理不規範等。如何打通一條完整的供應鏈，已經成為擋在每個紅人面前的一道難題。

上海萬擎商務諮詢有限公司執行長魯振旺認為，相比於傳統大品牌，目前網紅的數量並不多，在品類、管理、規模上不具有過多優勢，未來以粉絲群體為基礎走向品牌化的可能性極小。

隨著以「九〇後」為主的年輕消費群體的崛起和消費能力的提升，網紅經濟短期內仍將快速發展。然而，值得注意的是，網紅經濟因其群眾屬性，缺乏規範，往往面臨品質和道德的考驗。

品牌戰略將成為「破局」利器

在中國，網紅經濟的發展十分迅速。如今的網紅經濟已經不是剛起步的狀態，無論是網紅經濟涉及的領域，還是單個領域內網紅經濟的規模，都令人驚歎。

然而，網紅經濟如何繼續良性發展？如何突破競爭激烈的現狀？這些問題，成了每個網紅和網紅孵化器最頭疼和最應思考的問題。毋庸置疑，網紅經濟實施品牌化戰略，是他們未來一段時間內應該要走的道路。

網紅經濟在發展初期，主要依靠網紅龐大的粉絲量。對網紅而言，粉絲雖然有一定的忠實度，可以保證一定的銷售量，但是，如何更有效地挖掘粉絲，吸引更多粉絲購買其產品或服務，拓展更加廣闊的市場，是網紅和背後推手更加關心的問題。

網紅經濟未來的發展必須走一條特殊的路子，而不能過分依賴現有粉絲的追捧。網紅經濟想要獲得更加長遠的發展，打造專有的品牌、樹立長遠的品牌戰略顯得尤為重要。

眾所周知，品牌戰略是以品牌DNA為中心建立品牌識別系統、整合企業一切價值活動，表現在市場和消費者面前的就是行銷傳播活動，最大限度、合理利用品牌資產、產品、包裝、形象、廣告、公關、新聞、終端、服務、整合和傳播。

同時，優選品牌架構，不斷推進品牌資產的增值。興起於網路，並在網路平台上急速發展的網紅經濟品牌戰略，就是為網紅品牌競爭「破局」，為品牌建立和傳播提供最大價值。

從更大的方面講，中國網紅經濟面臨的競爭，不僅僅是國內同行業之間的競爭，開放的中國市場引來的是國內外同行之間的共同角逐，以及傳統行業與相同領域內網紅的競爭。面對如此複雜的情形，網紅經濟實施品牌化戰略就顯得尤為重要。

簡而言之，網紅經濟只有實施品牌戰略，打造一批具有實力的品牌企業和品牌產品，才能在激烈的競爭中脫穎而出，才有實力角逐更加廣闊的國際市場，才能與國內外一線品牌一決高低。

以上均是從銷售者層面和網紅經濟如何能良性發展的角度來看。對於消費者而言，網紅經濟的品牌化戰略，可以讓消費者在短時間內識別商品，更加有效地選擇和購買中意的品牌。藉助商品的品牌，消費者還能更加便利地獲得相應的服務。特殊情況下，一個品牌能有力維護消費者的合法利益。

從宏觀角度來講，網紅經濟實施品牌戰略有以下幾點意義：

節省網紅品牌建立的成本

品牌戰略是以品牌核心價值為主線開展行銷活動。對網紅而言，其自身就是一個品牌。但是，網紅經濟的行銷，絕不能僅僅依靠網紅本人，而是要樹立產品的品牌價值，才能「集中演繹品牌核心價值」。

品牌戰略不僅僅是為商品打造一個專屬的品牌，而是從產品設計、包裝、企業視覺系統、形象與識別等方面著手，通過拓展管道，增加廣告投放量，進行產品公關、宣傳活動等。通常情況下，網紅本人的形象、外部溝通等，都要表達出品牌的核心價值。

只有這樣，品牌的真正價值才能凸顯出來，也才能在整體的品牌戰略中降低成本，提升產品的銷量和企業的品牌資產，達到網紅經濟的最大化，並獲得長遠的發展及有力的競爭。

具體來說，差異化、個性化、利益化的品牌核心理念，可以影響並改變消費者的認知和對商品的選擇，藉此吸引和搶占目標消費群體。在網紅經濟品牌傳播的過程中，品牌核心價值始終要保持統一，不斷積累營銷活動的成果，為整體的品牌傳播做加法，加深消費者對網紅品牌的識別和記憶，從而有效提升銷量，降低成本。

可以說，正確的品牌戰略，能讓行銷活動最大限度地促進網紅品牌的增值，讓品牌建立的投入更有效率，用最低的費用積累品牌的資產。

幫助網紅脫離傳統的促銷價格戰

雖然網紅自帶眾多粉絲，並且這些粉絲的購買力十分驚人，這使得網紅的變現能力比較強大，然而，這並不代表網紅可以毫不費力地售出自己的產品。

從更加廣闊的市場和更加激烈的市場競爭來看，網紅經濟面臨著嚴峻的挑戰，如何制定品牌戰略非常有必要。

品牌的核心價值是吸引消費者的利器。一方面，打造品牌的目的之一是引起消費者的共鳴，當品牌概念長久地印刻在消費者的心中時，便會為網紅節省廣告費用，行銷和推廣的成本自然而然也會下降；另一方面，網紅產品的高價值可以弱化消費者對產品價格的敏感度，幫助網紅產品減少對促銷和價格戰的依賴。

在一定程度上，建立品牌就是建立一種象徵，帶領購買取向，引導消費者或是粉絲的想法和需求。網紅經濟實施品牌戰略的意義，是讓消費者產生認同感，滿足消費者的情感需求，經由拉近品牌與消費者的距離，增強消費者購買的欲望。

提升消費者對網紅品牌的認知

行銷本身是提升產品的認知。網紅產品的火爆、網紅經濟的迅速發展，源於粉絲對網紅的追捧。粉絲被網紅提供的資訊以及網紅本身的人格魅力打動，並心甘情願地付款，購買網紅的產品。

然而，網紅粉絲的數量畢竟有限，能力也有限。如何獲得更大的市場和更長遠的發展，不僅在於對網紅自身的品牌打造，還要看網紅產品的品牌戰略怎樣實施。

在品牌戰略中，品牌地位的規劃十分重要，它是確定自身的權重和排位的重要因素。提高品牌地位在整個品牌戰略中的意識十分重要，它是給予消費者選擇、滿足消費者需求的重要途徑。

實施品牌戰略可以建立品牌在整個行業中的位置，不同的品牌位置能夠體現不同的價值。所以，品牌價值的凸顯和提升，有利於新產品進入市場，提高新產品在市場上的競爭力，快速提高新產品在消費者心中的地位，讓消費者認同新產品。通過口碑行銷帶來更多、更忠實的顧客。

提升品牌的溢價與附加價值

品牌的高效傳播是凸顯品牌利益的一個方法，網紅經濟品牌化戰略不僅僅要追求銷量的最大化，還要藉由好的口碑達到品牌溢價，從而獲得更多的附加價值。

具體來說，網紅經濟的品牌戰略要集中體現、集中釋放，要通過品牌傳播的聚焦實現與市場的全方位溝通，增強品牌的承諾與兌現。當然，統一的形象價值和傳播也相當重要，唯有這樣才能達到高效的品牌溝通，凸顯網紅經濟的品牌效益。

網紅經濟的品牌戰略則是藉由塑造品牌核心價值與個性化的品牌形象，提升消費者的感知。網紅經濟的戰略要在賣出實體產品之外，讓消費者感到產品和服務是值得信賴的，他們自己的情感訴求也得到了表達，審美在不斷地提升。藉由這些達到增加實體產品以外的附加價值。

這樣一來，網紅經濟戰略的實施使得自身在同等成本、同樣的水準和擁有同樣功能與品質的情況下，可以獲得比競爭對手更多的利益，獲得商品的之外的收益，從而提升品牌溢價。

優化品牌架構，合理利用企業資源

擴大市場份額，有時候是通過豐富產品種類、增加產品覆蓋人群來實現。

在這種情況下，品牌結構的分類尤為重要。如今市場中，大多數網紅在自己的領域內只進行了單一品牌的開發，想要獲得更大的市場份額，無論是從產品的種類還是產品覆蓋人群分類上，都要下功夫。此時，品牌架構就顯得尤為重要。

品牌架構的科學規劃不僅可以提升企業的盈利能力，還可以科學定位網紅所擁有的眾多品牌的功能，讓各個品牌在實現行銷目標的基礎上合理分工，形成良性互動，從而大大降低新產品上市的行銷成本。

每個企業的資源和資本都十分有限，合理利用這些資源，並把它們的功效發揮到最大，十分必要。網紅經濟採用品牌戰略，企業將圍繞一個比較穩定的品牌中心，有效整合各種資源，讓有限的人力、物力、財力和資源達到完美的配合，提高資源的利用率，有利於網紅經濟在現有情況下合理分配資源，實現價值最大化。

實施品牌戰略對於網紅經濟的長遠發展十分必要。網紅經濟在開放的市場競爭中已經脫穎而出，取得了一定的成功。在未來的發展與競爭中，網紅經濟要想獲得長足的發展，實施品牌戰略是眾多途徑中最重要的選擇。

網紅經濟的品牌現狀

廣義上的網紅，原先指的是在互聯網或現實中因某些事件或行為被網民關注從而走紅的人。今天，狹義的網紅，指有顏值並善於自我行銷的網路美女。

不管如何變化，廣義或狹義的網紅都有自身的品牌影響力。善於行銷自身優勢的網紅，在今天儼然成為一個IP，並逐漸演化成一個點到群的網紅經濟，形成個人品牌的號召力，乃至塑造了企業品牌。

移動互聯網的發展是社群經濟平台化大趨勢的依託。粉絲經濟的巨大品牌消費力、內容行銷時代的來臨，帶來了個人品牌行銷的春天。網紅經濟在社群平台轉化成社群電商，用戶在哪裡，行銷就在哪裡。網紅們之所以能實現商業盈利，在於各大網路紅人的影響力輻射，透過平台經營粉絲，針對目標群體進行精準行銷。

品牌電商與網紅經濟融合

近年來，中國電商的發展面臨瓶頸，品牌電商的直銷模式還在完善，小米手機卻創紀錄地經由品牌電商直銷，做到幾百億的銷售，華為手機跟隨了小米手機的戰略，聯想則落後了。

華為和小米都是通過品牌直銷模式，獲得智慧手機的龐大市場。同時，華為並沒有放棄線下分銷，其分銷的市場運營能力令人讚歎；小米手機反而是分銷很弱，面臨生存壓力。

品牌電商的直銷模式注定要和網紅經濟融合。第一代網紅經濟的比醜模式將被淘汰，新的網紅有強大的實力和市場號召力。作為企業，聯想需要超級產品經理、超級傳播者和超級連結者，這是對互聯網執行長的要求。若沒有超級產品經理張小龍，騰訊今天會發展艱難；若沒有超級傳播者周鴻禕，三六〇的股價要打三折；而馬雲是第一代超級連結者。

近日，韓都衣舍在深圳成立智匯藍海孵化基地。創始人趙迎光在啟動儀式上對外表示，韓都衣舍要從一家互聯網服裝公司，逐漸轉變成時尚孵化生態平台，與線下品牌合作孵化互聯網新品牌是下一步發展的重要戰略方向，其中包括網紅品牌。

在移動互聯網時代，網紅創業者能為公司的發展背書，這對其創業更為有利，馬雲和劉強東其實都是在利用個人魅力為企業做背書。樹立品牌的價值觀，其實是品牌人格化和公司媒體化的路線。其本質是：在互聯網的碎片化時代，人人可以成為自媒體，誰能充分利用碎片化時間高頻地影響受眾，誰就可以脫穎而出。

品牌傳播進入網紅傳播時代

品牌娛樂化

固有品牌，如淘寶，藉由購買流量能帶來快速發展，但是用戶的注意力大都被娛樂話題吸引。若能利用強大的社群平台吸引粉絲注意力，就不用通過購買廣告實現粉絲變現，在降低流量成本的同時，實現娛樂化品牌的塑造。

例如，二〇一二年都是科技行業的大V，李開復、薛蠻子經常會轉載科技資訊，但現在越來越少人關心純科技話題，整個科技行業使用者的忠誠度和閱讀數都在下降，為什麼呢？因為大家開始關注娛樂話題，科技行業的使用者和從業者也開始關注娛樂話題。如果不利用娛樂話題，僅僅枯燥地講科技行業的創業跟投資，大家就會不願意看。

如今的品牌要利用一切的娛樂元素，讓品牌娛樂起來，才能引起關注。像斯巴達勇士、內衣女郎走在三里屯大街上行銷的案例，都證明了品牌娛樂化的趨勢。

行銷的公關化和公關的產品化

香港上市的科通芯城是做ＩＣ元器件Ｂ２Ｂ電商的商城，它顛覆了ＩＣ元器件的分銷，經由網路管道，傳達了類似ＩＣ元器件的京東的概念。科通在北京舉辦了「硬蛋智慧硬體創業節」，把本來花錢做的廣告變成一個「硬蛋智慧硬體創業節」。因為大家都對智慧硬體感興趣，自然而然就吸引了很多人，不僅如此，京東和三六〇還投資這個活動，科通花了更少的錢甚至沒有花錢，就達到行銷的目的。

而後，科通成立了硬蛋社區，成立智慧硬體創業者的社群，把單獨的節日產品化為網上的孵化器或者網上智慧硬體社區。當你變成產品的時候，連結的使用者就更多了。

如果不是因為科通芯城切入了智慧硬體創業，IC元器件B2B電子商務商城的概念，根本不會引起普通用戶的興趣。因為硬蛋，大家開始對科通或者這個公司產生了興趣；好的產品才是最好的公關。

網紅綜藝《奇葩說》與品牌塑造

二〇一五年，《奇葩說》第二季位列全網自製綜藝榜單TOP20，單期播放量最高可破一億，在眾多網紅自製綜藝中脫穎而出。截至二〇一五年十二月十六日，二〇一五年度全網自製綜藝新增二十六檔節目，總播放量高達六十三點零六億次。相關人士透露，《奇葩說》第三季的招商金額已經突破了三億元人民幣，節目的核心粉絲群達到一千萬人，已成為市場上競相爭搶的ＩＰ。

據美邦公關媒介總監兼有范品牌總經理蔡敏旭透露，第一季冠名美邦的冠名，花費了等值人民幣五千萬元的資源，而隨著《奇葩說》的爆紅，二、三季的冠名費自然水漲船高。

《奇葩說》傳達的訊息便是「為自己發聲」、「勇於表達真實自我」，這與強調創新、自我和分享的特質相符。「二〇〇三年美邦選擇周杰倫，如今選擇《奇葩說》，都是因為這和品牌的調性相符，年輕人喜歡看。我們很怕對消費者說教，而《奇葩說》這檔節目的好處在於，消費者願意接受和探討，可以做些輕鬆有趣的延展，比較容易和消費者溝通。」蔡敏旭說。

品牌一定要具有自身的DNA

傳統服裝公司常常以銷售和市場為導向，但品牌一定要有自己的產品DNA。像Burberry三粗一細的交叉圖紋、LV的大Logo、無印良品化品牌於無形的風格特徵，這些強標誌性、強設計感的內容，都在加強品牌的認知度。百分之十九點三十七的九〇後喜歡曬新衣服，百分之五十八的九〇後會對著鏡子拍照，喜好潮牌的是奢侈品的三倍，增長率是其二點五倍，平均消費能力是人民幣一百元到五百元，通常情況下，一件衣服只穿一季。

以狐狸小野的ＩＰ為例，設計師在狐狸的原型上設計服裝款式，並加持性感、顏值和運氣等屬性，以此傳達「守護精靈」和「自拍滿意指數」等文化概念。之後，ＰＲ會陸續按代次升級該ＩＰ，逐漸衍生出更多款式，比如親子款、運動款、跑步款等。

網紅品牌運營的本質是對粉絲經濟的把握，她把粉絲統一稱為「ＰＲ星」。不過與網紅電商不同的是，一般網紅是一個前台的獨立ＩＰ，「ＰＲ」則是聚合網紅的關鍵意見領袖平台。

聯名設計是「ＰＲ」商業模式中最核心的一環，每一款產品都是插畫師、設計師和粉絲們合力的結果。這個流程大致為：插畫師負責圖案設計，設計師團隊將此落地成樣衣，粉絲還可以根據自己喜好加入設計元素。

以平台結合品牌紅人

社群經濟帶來了商業模式和傳播形式的變化，不少企業以構建一個成熟的社群平台為關鍵點來操控運營，對於企業品牌的經營來說，這是第一步。網紅藉助如火如荼的微博、微信或是美拍、秒拍等，現有零成本的用戶原創內容平台，需要一個長期的內容行銷階段。

過去，大眾品牌是透過廣告行銷形成。未來依然會有這種情況。它的定位和性價比適合更多的人，無論透過社群還是口碑行銷，依然會讓這些品牌成為大眾喜愛的常規品牌。

不像前些年，人們只能相信品牌，因為那時候人們找不到適合自己的品牌，所以只能選擇媒體傳播影響力更大的品牌。但現在，市場已經開始快速細分了，人們透過互聯網和社群可以輕而易舉地找到適合自己的產品。未來人群會不斷分化，品牌會越來越多。每一個個體都會品牌化，人們的選擇也會越來越多。

消費社交化是互聯網時代必然的結果，每一個人都是自媒體。組織社區化以後，每一個社群都有它固定、精準的定位和物件，所以出現了很多互聯網的品牌。而未來只有兩種品牌，一種是更多人喜歡的大眾品牌，一種是有特質的、定位非常清晰的個性化小眾品牌。

消費升級看起來給所有創業者更多的機會，但對於現在很多網紅品牌和自媒體來說，加入服裝或者其他傳統產品的行列，未來跟大企業建立連結是非常必要的。

網紅雖然擁有強大的自媒體影響力與銷售能力，但缺少供應鏈管理的能力。創業者前期能快速形成粉絲的聚合效應，但後期會掣肘於供應鏈薄弱的環節。

很多網紅創業者在擁有足夠多的粉絲基數的情況下，從供應鏈的一端延伸到另一端，不僅自己做品牌、行銷，還親自聯繫工廠，這對他們來講是極大的挑戰。布局全產業鏈，從品牌設計端到實際生產端，再到物流端都親力親為，對創業者來說負擔太重，而且會花費巨大的時間精力，可說是他們的挑戰和死亡陷阱。

現在是一個「長板碰長板」的時代，每個網紅創業者沒有必要再花費巨大的時間精力補自己的短板。最好的方式是，創業者的長板和行業裡優質大企業的長板相結合，快速產生化學反應。很多網紅未來塑造品牌的道路會更快速精準，生活也將非常有品質。

第七章

使用者＋平台，內容創業的核心競爭力

用戶為王的粉絲經濟

網紅效應本身是一種銷售手段。他們利用吸引人的特點，將符合潮流趨勢並迎合自身粉絲偏好的產品推薦給消費者，一方面保證了效率和銷量，另一方面宣傳了自己。網紅為品牌電商吸引流量提供了新的渠道，提高了粉絲到消費者的轉化率。

網紅經濟的特徵

極強的大眾黏性

網紅有很強的群眾屬性。並不是長得漂亮、氣質出眾就能成為網紅。一個擁有大量粉絲的網紅，一定是與粉絲互動的高手。網紅每天至少要花兩、三個小時在微博上與粉絲互動。

一個優質的網紅，非常善於社交和粉絲運營。粉絲關注並追隨紅人，不單單是因為商品所具備的吸引力，更多的是因為網紅帶來的內容。還有一批人是因為非常認同網紅的消費觀和價值觀，潛移默化間成了「鐵桿粉絲」。

紅人經濟的用戶運營

互聯網時代做的是流量運營，淘寶「雙十一」、「雙十二」也是如此。而流量、用戶運營，則是紅人經濟裡的關鍵字。張大奕的粉絲超過三百八十萬人，儘管她的衣服賣價偏高，但能在很短的時間內售罄，這不僅僅是因為網紅的吸引力很強，大半的原因在於她非常善於行銷。

無線時代的紅人經濟大爆發

現在的無線用戶突破九億人，從二〇一五年度的第三季資料看，移動電商的成交額達到五千一百九十九點九億元人民幣，移動端電商占比百分之五十六點七，遠遠超過ＰＣ端，這是整個中國大盤的資料。而無線時代的特徵則在於：

個性化

每個人的手機ＡＰＰ都不一樣，在電商領域，大量的人需要獲取不一樣的東西，每一個紅人都是一種態度、一種風格的代表，所以每個人都是個性化的。

年輕化

在無線時代，年輕人願意嘗試各種各樣的東西。

強場景

無線領域一天有過億的活躍用戶，平台裡有十億商品。二〇一五年九月份的發布會表示，未來三年，將分出人民幣二十億元佣金到市場，單個店鋪十二月份的無線流量占比，甚至能達到百分之九十七。

造就網紅經濟快速發展的力量

粉絲經濟是一種發端於粉絲自身的經濟形式，像羅輯思維、Papi醬、二更食堂等平台，以明星平台的形式聚攏，再通過情感驅動號召粉絲購買，實現變現，這種經濟被稱為粉絲經濟。

粉絲經濟源於文化本身，藉助明星的號召力產生一定的經濟行為，並從中產生利潤。一個平台或一個項目是否具有情感驅動力，是判斷它們是否為粉絲經濟的關鍵指標。

傳統經濟大多強調公司或者團體的作用，很多專案需要集體運作才能變現。粉絲經濟強調的則是以情感為主的粉絲自傳播力量，這種力量累積和發酵而成的長尾效應，形成了一條長長的產業鏈。

利用源自粉絲自身的情感驅動力，藉助互聯網媒介，粉絲經濟已經成為當下「互聯網＋」領域一股強大的力量。跟B2B、B2C、O2O等互聯網經濟形式不同，粉絲經濟直接依託的是人與人之間的情感。

作為粉絲經濟最為直接的一種表現形式——眾籌，特別是文化眾籌，將情感驅動的內生動力發揮到極致。因為眾籌本身就帶有強烈的社交意味，這種感受能將以情感驅動為主的粉絲經濟最大限度地發揮出來。

目前，多部影視作品以影視眾籌的形式，利用網紅在互聯網上的強大號召力，通過微博、微信、論壇等管道，對電影進行全方位、多角度的傳播，吸引粉絲前往視頻網站點擊，迅速實現粉絲經濟的變現。

文化跨界與粉絲經濟必須經由某個橋樑才能實現互聯互通，而當下興起的文化眾籌，恰恰扮演了這個橋樑的角色。眾所周知，在互聯網時代，每一個用戶都是一個傳播體。傳統行業環境下，用戶在整個過程中扮演的是被動接受的角色，而在「互聯網＋」時代，用戶是主動傳播，而且用戶在傳播的過程中通常是多向互動。

雖然類似Papi醬的網紅能夠順利實現變現，但是對很多知名度不高的網紅來講，依然需要較合適的變現管道，文化眾籌恰恰提供了一個絕佳的平台和入口。將粉絲流量在文化眾籌平台上過濾，再將這些粉絲進行變現和轉化。

隨著中國眾多眾籌平台的出現，粉絲經濟能夠順利轉化的途徑不斷增加。

眾籌平台的湧現，同樣導致當下平台品質的良莠不齊，選擇一個好的眾籌平台，已經成為眾多項目能否順利完成眾籌的關鍵。

能夠保證眾籌成功的平台

眾籌成功率依然是一個關鍵點。成功率越高，就能收穫更多的用戶和項目。對於每一個上線到眾籌平台的項目而言，它們之所以會進行眾籌，是因為面臨的最大問題是資金。如果平台無法保證上線專案能順利實現眾籌，這個項目勢必面臨難以啟動甚至擱淺的風險。

投資往往需要承擔高額的風險，但眾籌分散風險的特性，使每一個擁有空閒資金而沒有多餘時間的人，都可以投資眾籌項目。文化類眾籌項目擁有很強的互動性，很多參與眾籌的用戶除了看重項目的收益之外，還帶有一定的感情因素，比如對某位明星的崇拜、對某個項目故事的熱衷、圓自己一個夢想……。這種帶有情感的互動，成為眾籌區別於其他互聯網金融形式的一個顯著特點。從這個角度來講，用戶體驗的好壞，成為判斷一個眾籌平台能否成功的關鍵。

一些優秀的眾籌平台之所以能夠在眾籌領域不斷獲得成功，一個重要的原因就是始終將用戶體驗放在第一位。每一個上線到平台的項目，都必須經過嚴格的風險把控，這增加了用戶的安全感。摒棄了一些P2P網站由於缺少嚴格的項目監管對投資者造成的負面影響，用戶投資安全的體驗得到了提升。

除了對上線專案進行較為嚴格的風險控制外，結合影視眾籌的特點，組織參與投資專案的使用者參與活動也能增加互動的機會。通過互動，用戶不僅能夠瞭解所投專案的具體進度，而且其投資這個項目的初衷也能夠被滿足。

「用戶、平台與項目」這種三位一體的全方位用戶體驗，無疑能更加促進用戶投資，因為三者之間的良好互動形成了完美的產品閉環，這種閉環能夠帶給用戶優質的體驗，用戶將更容易接受，在投資的過程中也就更安心；上線到這些平台的項目，亦可以順利眾籌成功。

只有具有全產業鏈的穿透力，才能全方位地運作和支持眾籌項目，這樣既能最大限度地保障投資者的權益，也能讓項目方得到後續支援，最終實現投資者和項目方的雙贏。

以粉絲經濟為代表的文化跨界專案，同樣需要這種全產業鏈的平台運作項目，最大限度地延長類似羅輯思維、Papi醬等網紅的生命週期，讓投資者在獲得心理安慰的同時，最大限度地保證他們的投資權益。

信息至上的共享經濟

共享經濟本質上是合作式消費。當今社會，共享經濟就是整合線下的資源（商品或服務），再以較低的價格出售這些資源。它的獨特之處在於，當手中有一定的資源時，你可以經由分享這些資源獲得一定的報酬。如果說經由找工作獲得報酬需要較高的學歷，這個人還要十分的聰明，那麼，共享經濟獲得報酬的方式，相對簡單了很多。

近年來，中國的共享經濟發展得十分迅速，例如，叫車使用的滴滴順風車、住宿時選擇的螞蟻短租等。共享經濟顛覆性的商業模式已經滲透到生活中的多個領域。它的理念革新並顛覆了傳統的產權觀。

在移動互聯網時代，智慧終端機設備逐漸普及，市場交易也變得更加碎片化和分散化。共享經濟在一定程度上可以看作是資訊消費形式。信息的交流和分享，需要相對自由和開放的交易平台，網路平台正好提供了這樣的便利。

與共享經濟一樣，開放和自由交易的網路平台為網紅經濟的發展提供了便利。無論共享經濟還是網紅經濟，它們都是將傳統產業進行電商化轉型，讓企業之間的競爭從線下市場資源的爭奪，轉移到線上資訊資源的占用。

共享經濟將資訊的溝通和分享變為生產力，對傳統經濟進行了顛覆；網紅經濟也是如此。電商的快速發展，改變了傳統的銷售模式，網紅不僅提供商品，還提供有關商品的資訊，甚至是生活的信息和理念。

從共享經濟到網紅經濟，到底是什麼支持了新經濟形勢的出現和快速發展？新的經濟形勢帶來的影響又有哪些？

開放的網路平台

「互聯網＋」時代，個體間的資訊交流超越了時空的限制，人們分享資訊和資源的途徑更加便利。個人在開放的網路平台上，擁有更多的話語權和選擇權。買賣雙方處於平等的地位，使雙方不僅能相互尊重，還可達到共贏。

無論是火爆電商平台的網紅經濟，還是在分享閒置資源更占上風的共享經濟，開放的平台都十分重要。可以說，網紅經濟和共享經濟成立的前提是網路平台上資訊的交流和分享，這種分享和交流，必然是網路時代經濟的重要特徵。

改變日常生活、工作和社交

共享經濟的火爆，大大改變了計程車與酒店行業的銷售模式，引起兩個行業的變革浪潮。網紅經濟的迅速發展，改變了傳統零售業的銷售模式，引起了零售行業的變革。

共享經濟讓人們的外出更加便利，消費者不再需要到旅遊地預訂酒店，也不用出門親自叫車，只需在移動終端上動動手指，就可以選擇自己心儀的服務，這樣的選擇十分便利和舒心，不僅節省了大量的時間，還有很大的選擇空間。生活不斷趨於便利化，交流的方式也變得更加靈活。

與共享經濟一樣，網紅經濟依託於移動互聯終端系統，它的發展也為人們的日常生活帶來了極大的變化。人們選購商品不用再去實體商場，通過與店員交流達到購買商品的目的。相反的，僅僅在電子商務搭建的平台，或者是在微博、微信等個性化交流平台上，人們就能選擇自己中意的產品或者服務，從而縮短購物的時間，獲得更加豐富的商品信息。

社交媒體的大變革

移動互聯網技術的不斷發展，讓全民參與的社交媒體火速發展。人們在這樣的平台上，可以相對自由的表達見解。無論是最初的部落格，還是現在占據重要地位的微信，自媒體的發展為大眾表達提供了平台。

然而，社交媒體在網路技術的不斷變化下，其影響力是增強還是減弱呢？從自媒體發展的歷史上看，從部落格到社群論壇，再到微博、微信，雖然傳播影響力一直在增大，但是，這些自媒體中充斥著冗雜的資訊，這使得部分產品的發展出現了問題，例如部落格衰落、微博的發展，也進入暮年。總的來說，社交媒體的黃金時期已經結束，目前處於下降趨勢。但是，也有一些社交媒體，例如UGC媒體展現了超強的活力。

網紅經濟和共享經濟的興起，離不開社交媒體為其提供的平台。所以，社交媒體的變革一定會影響網紅經濟和共享經濟。事物之間相互作用，共享經濟和網紅經濟的發展，也必然影響著社交媒體，甚至會引起社交媒體的大變革。例如，網紅經濟和共享經濟的發展，讓微信不僅僅是朋友間的交流工具，更讓微信成為展示自我和商品的平台，同時也是分享資訊和共用資源的管道。

不僅如此，網紅經濟和共享經濟的發展，還構建了一個共用媒體時代。如今可以共用的、借助電商平台進行銷售的，不僅僅是房子和衣服，觀點和資訊也成為新的經濟增長點。行業的縱向細分和相關領域從業者的快速增長，使得共用的基礎不斷擴張，人們從而進入到一個共用媒體的時代。

網紅經濟和共享經濟的重要基礎

網紅經濟的網上購買行為，或共享經濟中的分享式消費，都建立在信任的基礎上。因為呈現在互聯網的商品或服務，並不能在短時間內出現在消費者的面前，因此成功購買一定是以信任為前提。

事實上，人們也已經利用網路技術建立了一個完整的資料庫，利用各個行業之間的資料互通，形成一個龐大的信用體系，從而更好地為網紅經濟和共享經濟服務。

網紅經濟和共享經濟的發展，都是建立在高信任的基礎之上，這不僅需要人們改變在傳統經濟形態中的消費習慣，也需要提升整體的教育水準。只有處於高信任的社會環境中，才能促成網紅經濟和共享經濟的良性發展。

改變新經濟領域內的商業模式

在傳統的經濟領域，人們的交易方式是面對面，一手交錢一手交貨的情形比比皆是。然而在網紅經濟和共享經濟中，這種交易方式發生極大變化。

以信任為基礎，P2P金融平台誕生，人們不再是一手交錢一手交貨，而是消費者在看不到貨源的情況下，就將貨款打入協力廠商的金融平台；供應商也在沒有收到貨款的情況下，將客戶訂購的貨物寄出，等到消費者確認收貨，供應商才能經由協力廠商平台收到貨款。

交易方式的改變，使金融領域內的商業模式發生了改變，B2B、P2P金融平台也就應運而生。

網路加上分享的理念，不僅促成金融領域內商業模式的變革，也使企業之間、企業與個人之間、組織之間、人與人之間，發生著重要的改變。相應的，涉及其中的商業模式也必然會發生變化。

促成大規模的經濟轉型

觀察經濟學的基本結構會發現，資訊交換媒介、能源和運輸系統三者之間相互聯繫，影響經濟活動。經由三者之間的相互協作，降低了經濟活動的風險，也降低了經濟運行的成本。

當前，作為新經濟模式，無論是網紅經濟還是共享經濟，在提高生產效率、降低成本方面的貢獻都十分突出。隨著網路技術的發展，越來越多的消費者改變了消費行為和習慣，以互聯網為媒介，分享自己的購物心得。游走於網路的人們，在獲取這些資訊時，既不費力又不費錢，零邊際成本成為這個時代的重要特徵。

技術革命促使生產方式和消費方式發生極大的變革，零邊際成本已遍布各行各業，就如美國趨勢經濟學家傑瑞米·里夫金所說：「超級物聯網將覆蓋更廣闊的範圍，所有人都可以通過網路享受到免費的產品和服務，而不再受到地域的限制。」

可以說，從共享經濟到網紅經濟都得益於資訊時代。互聯網技術的應用，使得企業（生產者）和消費者之間共用了巨大的資料資訊，也拉近了消費者和銷售者之間的距離。生產成本的降低、資訊的快速傳遞和溝通的更加便利，都是共享經濟和網紅經濟共同的改變。

無論共享經濟還是網紅經濟，隨著經濟的快速發展和網路技術的不斷變革，其中的消費理念已經深入人心並被大部分人接受。從共享經濟和網紅經濟的發展趨勢來看，如今兩者的地位都是舉足輕重的。

未來的共享經濟和網紅經濟，必將是人們生活中不可避免的話題，也將不斷地改變人們的生活和工作方式，在新的經濟形態中發揮著重要的作用。

粉絲與品牌共同拉動網紅經濟

互聯網時代，傳統的商業模式遭到顛覆，電商和社交化行銷開始逐漸主導市場，網紅經濟由此誕生。

網路紅人的收入超出了想像：在過去的二〇一五年，淘寶店鋪銷量輕鬆破百萬、七位數簽約大牌、出場費可達十萬元人民幣，業內人士認為，雖然在數量與規模上依然處於起步階段，但網紅經濟這一新的行銷現象，正逐步改變著整個行業。

網紅經濟正在走向品牌化？

網紅經濟漸熱

網路紅人利用微博、微信等社交媒體形成龐大的粉絲效應，一個優質的網紅擁有多達百萬的粉絲。而粉絲的關注度已成為淘寶紅人店鋪中強大的變現能力。如今「八五後」、「九〇後」已成為消費主力，隨著網路的普及和用戶逐漸趨向年輕化，網紅經濟具有非常大的競爭優勢。

互聯網大潮下，依靠規模化經營的傳統服裝品牌已無法滿足市場需求。注重流行化、個性化的，甚至是獨特設計的小眾品牌，將受到年輕消費者追捧。

從供應端看，常規服裝電商運營一般包括選款、上新、銷售、獲得流量，最後對尾款進行處理；網紅模式則是藉由出樣衣拍照、粉絲互動回饋、打版投產以及上架銷售的流程，服裝上架新品的週期快且效率高。

從賣貨到賣品牌

當前，網路紅人逐步開始成立自己的工作室自行設計，甚至自建工廠，走向品牌化。業內人士認為，淘寶已經成為網紅推薦生活方式、醞釀自創品牌的平台。

從最開始的買手制，到後來自建工廠打版生產，產品趨向個性化和流行化，品牌化將成為網紅店鋪生存與突圍的重要因素。未來網紅店會漸漸往品牌化方向發展，一是走向輕資產模式，二是走向傳統製造業。

產業變革即將到來

伴隨著中國國內經濟持續走低，與實體經濟密切相關的大宗商品也進入「寒冬」，未來甚至會出現市場規模持續萎縮的現象。網紅經濟成為新的行銷現象，在運營模式以及未來發展上，有很多值得傳統企業借鑑的地方。

變現能力超越傳統廣告

耳熟能詳的化妝品電商平台——聚美優品，其執行長陳歐在創辦聚美優品之後，迅速積累起自己的「網紅光環」。二〇一四年，陳歐被《人民郵電》報評選為「二〇一四年中國互聯網十大風雲人物」之一，理由包括「我為自己代言」的「陳歐體」。

除了火熱一時的陳歐體，他從二〇一一年起就開始參加天津衛視的《非你莫屬》節目，以及《快樂女聲》評委團和《天天向上》。此後，他多次在電視、網路上「拋頭露面」，而他的公司也以超快的速度發展壯大。

歐萊雅集團也以高達七位數人民幣的酬金簽約在Instagram上擁有兩百二十萬粉絲的瑞士時尚部落客Kristina Bazan。

「網紅」作為二〇一五年的關鍵字之一，不僅僅意味著博取眼球和新聞話題的網路人物，強大的變現能力，逐漸讓網紅超越傳統的平面、電視廣告，成為品牌青睞的合作對象。

幕後推手的全方位行銷

網紅經濟的最大優勢在於粉絲的轉化率。轉化率在百分之五以上的網紅，一般具有較強的盈利能力，而中國頂尖網紅的粉絲轉化率可達百分之二十，即一百萬粉絲中有二十萬人會到網紅的店鋪購物。

隨著網紅經濟的興起，市場上出現大量專業的網紅孵化公司，目前還有一些公司正在籌劃上市。它們主要為網紅提供三大服務：從設計、生產、打版、做樣到包裝的供應鏈；傳統淘寶的運營服務以及微博推廣網紅，擴大其影響力。部分孵化公司不僅打造出不少皇冠淘寶店鋪，甚至吸引到風投的關注。

粉絲經濟改變消費模式

除了長相和身材，網紅也需要一定的能力，才能不斷提升影響力。網紅經濟的背後，反映了社會環境和社會心理在互聯網環境下的變化。近年，互聯網帶來的變革已滲透到生活的各層面，消費者的消費習慣和消費心理都在逐漸改變。

網紅向其受眾傳播的不僅是簡單的產品，更是一種個性化的生活方式、消費場景以及個人魅力。與其說粉絲是在買一雙鞋、一件衣服，不如說是在購買他們信賴的網紅所創立的生活樣本和人格模式。

粉絲購買網紅推薦的產品，再經由口碑傳播、與網紅之間的互動、評論分享，在這一過程中，逐漸與網紅產生相互信任，形成親密的關係。社會環境、大眾心理、消費模式等一系列的變化，打破了傳統的機制，促使網紅經濟迅速發展。

企業學習網紅的經營品牌之路

隨著自媒體時代的來臨，從微博、快手等各個平台走紅的人數十分驚人，每一代網紅都是在享受到社交紅利的甜頭後，尋找一個流量變現的最佳途徑，將個人的粉絲群體快速變現，實現商業模式的轉型。換言之，網紅們將粉絲群體的消費力量和自身優勢產品結合在一起。

企業能從網紅經濟中學習到的是：一旦平台確立，企業需要在平台上確立一個品牌紅人的形象。從內容行銷到個人標籤與企業品牌調性相契合，以情感訴求打動用戶，實現粉絲經濟的變現。

這需要企業在平台埠精準掌握使用者資料。移動互聯網的發展，對於社群經濟的助力尤為明顯，運營者能從中得到最大化的社群內粉絲價值。粉絲經濟的巨大品牌消費力，讓很多企業開始思考一種新的商業模式。

不管時代如何變化，網紅都帶有自身的品牌影響力。善於行銷自身優勢的網紅，在今天也儼然成為一個ＩＰ，逐漸演化成為一個點到群的網紅經濟，形成個人品牌的號召力。

憑藉於社群經濟平台化的大趨勢，內容行銷時代的來臨，迎來個人品牌行銷的春天。網紅經濟在社群平台轉化成社群電商，用戶在哪裡，行銷就在哪裡。

網紅們之所以實現商業盈利，在於各大網路紅人的輻射影響力，透過平台經營粉絲，針對目標群體進行精準行銷。網紅們透過個人品牌的影響力，賦與自身標識的產品以靈魂，在龐大的粉絲基礎之上，商業紅利的背後是移動電商化的銷售數字。

小米，一個中國手機品牌的成功，靠的就是超越其他品牌的行銷模式。小米非常善於製造新聞，因而能天天上頭條，高關注度提高了品牌的曝光率。同時，它又非常善於口碑行銷，無形中增加了很多粉絲，這促使粉絲經濟成功變現。米粉強大的購買力是社群行銷的標準典範。

同樣，互聯網家電ＳＫＧ是一個典型的網紅行銷品牌案例。ＳＫＧ宣導「線上引流，線下銷售」，逐步引活線下市場，為電器帶來巨大的流量。它抓住了社群時代網紅與粉絲之間的情感共鳴，品牌產品因此擁有更多附加價值。

ＳＫＧ藉助網紅經濟的粉絲經營能力，不間斷製造自身的網路紅人，這些網路紅人帶給品牌粉絲情感、文化、相關等共鳴標籤，讓品牌逐漸擁有深遠的影響力。

現代企業需要做的是提升品牌號召力，構建粉絲經濟基礎，實現品牌紅利。簡言之，企業參考網紅經濟時代的模式，需要利用社群形成口碑，培養網紅在社群的影響力，產生粉絲，創造品牌的號召力和吸引購買力，企業在網紅經濟時代的突圍需要：平台加上品牌紅人。

運營一個成熟的社群平台、建立自己的粉絲群，對於企業品牌的經營來說是第一步。一旦平台確立，企業需要在平台上確立品牌紅人的形象，從內容行銷到個人標籤與企業品牌調性相契合，以情感訴求打動用戶，實現粉絲經濟的變現。

當下，越來越多的社群平台為企業製造了品牌粉絲經營的基礎。從社交到電商，社交電商時代全面開啟。企業製造自身專屬的品牌網紅，樹立信任感並傳遞品牌價值，在用戶生態價值的可持續經營中，逐步實現品牌紅利。

早在國外，品牌商已經開始選擇網紅為代言，無論是Instagram還是

網紅經濟

移動互聯網時代的千億紅利市場

Youtube，社群行銷已經成為現代企業品牌的主流行銷趨勢，網紅代言價值是品牌行銷的新管道。

社群經濟擁有的升值空間以及移動社群平台擁有的巨大潛力，為企業沉澱粉絲並轉化商業價值建立良好的平台基礎，而粉絲經濟終將是未來經濟的主流。

善用新媒體玩轉網紅經濟

新媒體運營的要項

新媒體是相對舊媒體提出來的概念。傳統媒體以廣告為主，新媒體則不同。它是以數位資訊技術為基礎，以互動傳播為特點，具有創新形態的媒體。比如我們看到的播客、ＹＹ、今日頭條都是新媒體。

資訊是把品牌的符號、內涵、意義及文化價值，一遍又一遍地告訴用戶。開發潛在用戶，拉攏他，讓他知道這個品牌；提高老用戶的黏性，讓他更喜歡這個品牌。

那麼，新媒體運營需要做什麼？

採集內容

不斷研究市場，挖掘用戶需求，掌握用戶興趣點；不斷關注時事熱點，並從不同角度分析；時刻關注同行資訊，知己知彼方能百戰不殆；不斷學習，看書交流，向同業人士分享資訊，吸引讀者的注意力。

生產內容

生產內容是新媒體運營成敗的關鍵。生產內容主要體現在對內容的提煉上，這對文案的要求比較高，需要注意的是，要站在用戶的角度生產內容。

管道運營

好的內容、好的企業，也需要管道進行推廣。根據不同的行業，採取不同的管道，比如視頻、音訊、圖文、圖片、遊戲等方式。也可以找相關的行業做傳統媒體的推廣，比如羅輯思維就用優酷視頻來介紹自己的微信公眾號，進行商業變現。

用戶運營

微信公眾號和用戶缺乏互動管道。使用者想什麼、需要什麼、他的興趣點在哪裡，運營者根本就不知道。很多微信公眾號不過是運營者、企業自我陶醉的產品。面對這樣的情況，需要建立與使用者互動的管道。

現在的社群媒體就解決了這樣的問題。建立社群是迫在眉睫的事，以後新媒體的出路盡在於此。一個好的社群不僅能回饋新媒體的問題，還是採集內容的管道。

數據運營

新媒體成敗與否需要資料證明，比如關注量、訂閱用戶的數量、文章閱讀量、文章轉載量、新增人數、用戶轉化比例等。關注、訂閱用戶的數量，代表了微信公眾號的推送人數，文章閱讀量代表了文章標題是否吸引用戶，關注、訂閱用戶的新增人數，代表了是否持續輸出有價值的高品質內容，使用者轉化比例，則代表了產品解決使用者需求的程度、活動是否吸引使用者、產品與關注使用者是否精準。

新媒體時代，網路社會關係的構建和維護，以及基於這種關係的信息創造、交流和分享，呈現出新的特點：發布接受的議程成為裂變式資訊傳播，以及人人都有機會成為意見領袖，呈現出這種生態的自媒體，能夠快速形成群體的社區。從新媒體的特徵來看，它是基於網路和資料基礎構建的三種維度：需求無限、傳輸無限、生產無限。

成功運用新媒體的關鍵

要有好的文采

適合新媒體的文風種類很多，可幽默活潑也可嚴謹拘束，最好能是一個寫作好手，但必須根據企業的整體定位下格調。這需要新媒體操作者擁有絕佳的文采，無論什麼樣的文體風格都可以信手拈來。

目前，中國網紅的文章偏本土化教育，用中國人喜歡看的形式重新呈現、解釋和點評時尚潮流。他們幽默、懂時尚、有風情、知道中國人的口味，戴上中國顯微鏡看西方，則像篩檢程式一樣重新書寫時尚篇章。「時尚教育」是主要主題。

除此以外，會寫的部落客還以雞湯手、八卦手和段子手為主，都是文字功底過硬，比如咪蒙和微博上的段子手集團。

絕佳的審美能力，呈現優質內容

縱觀時下當紅的網紅重要人物，他們自己就是很棒的內容製作者、攝影師、文案和行銷家。他們熱愛攝影和構圖，且對色彩搭配敏感，良好的功底令他們能輕鬆玩轉社交網路媒體。

比如華裔時尚部落客Margaret Zhang，本身是澳大利亞的法學系學生，由於非常喜歡搭配和攝影，便在社交平台上發布相關內容，剛開始她的粉絲量很少，但由於內容有很高的品質，現在她已經變成許多大牌爭相邀請的部落客，其內容甚至被很多人拿來當做創意的靈感。

學會低成本推廣，充分利用免費服務

許多商業網站為吸引客戶都推出了免費服務，剛起步的群體可利用免費服務進行初步的網上市場調研。如定期在公告板發布供求資訊並觀察效果。經過一系列比較後，再決定選擇哪些網站的服務，採取何種推廣方式。

以微博為例，有很多人閱讀你的東西並對內容感興趣，點進你的空間的人可能就多了，獨立訪客和瀏覽量就能得到相應的提升，再加上優質的內容，關注度和人氣就會有一個很大的飛躍。

微信相對微博來說有一定的限制。閱讀量是一篇文章品質的佐證，比如杜蕾斯的微信，閱讀比率大致在百分之四到百分之三十。現在的形勢是，整體格局上已經過了微信發展的紅利期，行業的競爭越來越激烈，所以微信大號也就越來越難做了。

仔細的維護粉絲，將自己提升到一個品牌的高度

粉絲數量是品牌影響力在新媒體上看得見的沉澱，增加粉絲數量於是成為

品牌推廣的任務。很多人會借鑑協力廠商軟體增加自己的粉絲數，比如微博的粉絲通、微信的廣點通、大V推廣、資源互換、活動策劃之類。

案例

二〇一五年「雙十一」前夕，張林超的淘寶店：Lin家，只上架三十多個新款，但最紅的單品被收藏多達幾萬次。「雙十一」零點過後，買家瘋狂下單，秒殺搶購，一小時的訂單額突破了人民幣一千萬元！賣出四萬多件衣服！這樣火爆的搶購情形，幾乎在Lin家每次上架新品時都會上演。

作為微博上的知名時尚部落客，張林超的微博粉絲人數已高達一百三十萬人，一條微博能輕鬆得到幾千條評論，店鋪粉絲也已經突破一百二十萬人。網紅經濟絕不僅僅是靠臉吃飯，之所以能從眾多網紅中脫穎而出，是因為張林超一直堅持原創設計、採用獨家高端品質，並提供終身維修服務的商業模式。因此才把粉絲轉化為顧客，把顧客轉化為粉絲，而產生強大的商業號召力。

生於服裝名城平湖的張林超，從小就喜歡各種別出心裁的穿衣搭配。高中畢業時，她曾想報考服裝設計專業，卻遭到父母的強烈反對。後來，她留學英國，並趁學習期間，經常去倫敦、巴黎、米蘭參加各種國際時裝週，以培養自己的時尚品味。大學畢業後，她繼續留英讀研，選擇學習奢侈品管理，同時大量選修創意設計、電商等課程……，這為她的網紅創業之路鋪墊了基礎。

二〇一二年回國後的張林超，沒有聽從家人的建議去上海工作累積經驗，而是在自家的別墅裡開啟了創業之路。最初只是去服裝廠「淘」衣服，後來加上她創意的時尚搭配，淘寶店第一個月就淨賺三萬元人民幣。

很快，她的家庭網店開始轉變，一個設計師、一個打版師、一個客服，再加上她自己，就成立了一個工作室。張林超自任老闆、設計總監兼模特兒，從提出思路、設計打版、試穿修改、拍板上架到批量生產，全流程親自上陣、一手把控。

近年來，越來越多國內年輕的知識女性開始接受和推崇國際時裝品牌，她們不缺乏購買力，但迫切需要引導，需要機會瞭解、接觸國際時尚。張林超便是抓住了這樣的需求，確定了Lin家的衣服必須是引領時尚、高品質的標準。

她經常帶著設計師飛往世界各地的時尚之都看秀、看款、拍照，把握時尚動態，掌握當季流行元素，然後轉化為設計靈感。

為了和粉絲有更好的互動，張林超還在上海、平湖開工作室和體驗店，舉辦活動邀請顧客和超級粉絲現場觀看Lin家新品。因為款式時尚、品質高端，Lin家網店的綜合好評率常年保持在百分之九十九點七六以上，遠高於同行。據淘寶資料分析，Lin家擁有大量回頭客，粉絲忠誠度為平均值的十倍。

張林超憑藉自主研發、自主設計、自主生產、自主銷售這「四自」模式，將自主權和話語權牢牢掌握在自己手中。在繼續做好高品質女裝主業的同時，她還將自己的業務延伸至時尚產業鏈，她的目標是引領時尚潮流，讓更多人認可她。

從ＩＤ到ＩＰ的崛起之路

Papi醬打造ＩＰ特製品牌標竿

二○一六年四月二十一日下午，被很多輿論稱為「二○一六年第一網紅」Papi醬的廣告招標會召開，最終二號競拍者麗人麗妝公司以兩千兩百萬元人民幣的「天價」成為本次拍賣會的贏家。

雖然此前網路上曾誕生過「暴走大事件」和「萬萬沒想到」等知名網紅ＩＰ，但都沒有獲得如此高的資本關注度，儘管Papi醬團隊的規模還遠不能與前兩者相提並論。

投資人的推動以及Papi醬這個標竿，最終的拍賣價格是單次隨片廣告兩千兩百萬元人民幣，這是行銷和資本的力量。一方面增強了群眾做網紅的信心，另一方面也提高了資本市場和媒體輿論對網紅ＩＰ的關注。

雖然Papi醬個體很難複製，但未來可能會出現很多網紅聚集平台，網羅被Papi醬等重要人物鼓舞的自媒體們，伴隨而生的，可能還有網紅經紀公司。

所以，網紅的崛起是件好事。它的前提是新媒體和社交平台的發展讓去中心化成為可能，網紅式行銷成為一種經濟形態。粉絲不再依靠傳統的平台，在社交媒體上取得一個帳號，將時髦的想法和有趣的創意發布出去，就可能將ＩＤ打造成一個大寫的ＩＰ。

不過前提是以下三點：能否生產更多的內容，能否形成一個更加長久的、具有個人ＩＰ特質的品牌，以及網紅提供的增值服務能否使內容具有延伸影響。

Papi醬廣告競標的成功，被視作網紅界的標竿事件。這一事件的價值遠大於廣告價值，一個好的事件行銷，比洗腦式的商業廣告更容易讓人接受。

所謂網紅經濟，很多只是賺流量、賣商品，沒有跳出傳統的銷售範疇，很少有人能夠做到產品化。即便是Papi醬，未來能否通過持續的內容輸出和專業化的產品包裝，形成獨立的品牌ＩＰ，現在也難預料。

同道大叔談網紅經濟—IP化趨勢

如果算上最早的投資人紅杉資本，同道大叔應該是和羅輯思維一起拿到風投資金的網紅之一。

大叔二〇一四年起家於微博，二〇一五年切入微信公眾號運營，兩個平台的累計粉絲數量達一千五百萬人，穩定在自媒體大號的第一陣營。因為恰好卡位在星座文化這個大的亞文化ＩＰ裡，內容又以動漫為主要形式。

所以在二〇一五年獲得投資後，大叔就開始了ＩＰ化嘗試，衍生方向包括文化出版、動漫形象ＩＰ、星座影視、星座衍生品、線下體驗館、網路遊戲和電商平台等，初步構建了一個星座ＩＰ的矩陣。

應該說除了第一批獲得資本青睞的噱頭，同道大叔更是第一批搞清大號的商業邏輯、主動走向ＩＰ化運營的大號。無論最終ＩＰ化能否成功，它的商業認知和主動拓展能力遠比獲得高市場估值更有意義。

大號ＩＤ的ＩＰ化、網紅的明星化

大號是自媒體知名ＩＤ的簡稱，網紅則是自媒體知名的人物ＩＤ，兩者的關鍵字是「大」和「紅」，都是表達粉絲的數量眾多。應該說大號包括網紅，網紅是大號的一個類別。

無論廣告還是電商，大號作為自媒體的商業空間都有上限。不過互聯網會給流量彙集點提供無限的商業可能，大號們在不斷嘗試向媒體外的領域延伸，目前我們可以清楚地看到有兩大延伸趨勢：

大號ＩＤ的ＩＰ化和網紅的明星化。這兩個方向都是大號從媒體行業向泛娛樂行業的延伸突破。一方面延伸成功後，大號的變現路徑不再局限於廣告和電商，泛娛樂ＩＰ和明星的商業空間更具想像力，泛娛樂行業的市場容量也遠大於媒體行業；另一方面，脫離了自媒體屬性後，大號不再單純依靠社交平台生存，不再受到社交平台變化的影響，存活壽命會更長。

不過，這個突破並不是每個大號都能做到的，能夠ＩＰ化的ＩＤ需要具備非常明顯的ＩＰ潛質，出身群眾的大號在這方面普遍都比較欠缺，其實具備這個潛力的大號也不多。

Papi醬和羅振宇的合作催熱了大號的投資，不少人問該如何分析大號的商業價值和給大號估值。ＩＤ的ＩＰ化和網紅的明星化，是大號向泛娛樂行業尋求突破的主要方向。一如早期的網路文學和地方衛視的選秀節目，我們堅信，大號和網紅未來一定是新的ＩＰ和明星的主要誕生地。

但是也要清楚地認識到，不是每個大號都能轉變為ＩＰ，不是每個網紅都能成為明星，這背後的邏輯和必備能力需要投資人把握。

電影在ＩＰ時代的發展趨勢

剛剛結束放映的《捉妖記》、《煎餅俠》、《西遊記之大聖歸來》、《小時代4》的票房遙遙領先，穩居排行榜前四位。四部影片的導演皆不是蜚聲國際的大導演，但是票房卻大獲成功。

在以智慧財產權為核心的ＩＰ互聯網時代，一部為觀眾所喜聞樂見的電影，往往比表達導演個人喜好的電影更有市場衝擊力。是否擁有既有敏銳鑑賞力又有卓越策劃及市場運作能力的製片人，成為一個電影項目是否能成功的關鍵！

從導演中心制到製片人中心制

在中國電影市場發展初期，導演如果具備影像敘事的能力及題材選擇上的獨特視角，基本上就能從市場獲得收益。那時候電影的運作，更傾向於是從導演個人喜好的角度進行電影創作的藝術行為，即導演中心制。

二〇〇八年之後，觀眾的觀影口味開始趨向多樣化，很多觀眾的觀影目的不再是為了看一部「某個導演的好電影」，而是「自己需要的那一類電影」，電影從產品時代邁入了行銷時代。

這一點在二〇一三年的中國電影市場體現得尤為明顯，比如徐崢、趙薇這樣的新人導演。他們都是具備了市場思維和專案管理能力的製片人，對觀眾有著更為理性的認知，也更熟悉當代年輕人的消費心態。

電影創作的出發點也已經從個人喜好開始向市場需要的角度轉變。二〇一五年，《捉妖記》、《煎餅俠》等電影專案的運作，已經鮮有大導演的身影，製片人是整個專案的權力中心，成了專案的推動者。

他們在電影的製作過程中，全面貫穿行銷策略和團隊協作原則，通過嚴謹的調研、科學的製片流程，最大化的實現影片的商業價值。這也預示著製片人中心制被時代推上中國電影的舞台。

在以智慧財產權和內容為王道的ＩＰ互聯網時代，市場是導向，影視作品的藝術品質是商業電影成功的基礎，而市場和觀眾才是電影賴以發展的養分，我們需要在藝術創作與商業價值之間找到平衡。因此，培養一批具有優秀電影鑑賞能力、卓越項目策劃能力、精準市場判斷能力與行銷宣傳能力的製片人是時代的呼喚！

ＩＰ的衍生價值讓《羋月傳》備受熱捧

《羋月傳》是由互聯網視頻網站樂視網自製的大劇。這部長達八十一集的電視劇由花兒影視出品，播出兩週後，樂視全平台累計播放量就已飆升至二十七億次，北京衛視、東方衛視因為這部劇長期占據同時段收視榜單前兩位，《芈月傳》成為當之無愧的「十年劇王」，被很多人視為中國互聯網視頻行業自製大劇的最成功案例。

《芈月傳》帶來的ＩＰ商業轉化才剛剛開始。雖然它是樂視網的自製劇，但在播出方面，樂視並未選擇視頻獨播，而是將版權分享給騰訊視頻。之所以如此，原因無他，ＩＰ打造早已擺脫搶「獨播」和「首播」的初級階段，更多需要進行生態化布局，以此來提供相互的助力。

一方面，《芈月傳》的強ＩＰ效應替樂視提供了足夠多的素材，手機、電視等載體，都可以順利借到這股ＩＰ熱潮的東風。同時，其在虛擬物品的創造上，像是同名遊戲、手機主題等，都可以進行巨大的商業轉化。《芈月傳》的ＩＰ效應給樂視旗下的其他產品鏈也帶來不小的增益。包括定製版電視銷量破十萬台、定製版手機預售破二十萬部；《芈月傳》版周邊產品（含定製版電視、手機及衍生品）總銷售額為人民幣五點一億元，占樂視整體雙十二銷量的三分之一。

另一方面，樂視提倡的「生態化」體系，讓「平台＋內容＋終端＋應用」

產生協同效應，推高《芈月傳》及樂視相關產品（樂視視頻、樂視超級手機、樂視超級電視、樂視會員、樂視商城等）的熱度。一個好的ＩＰ跟整個生態產品之間的互補就是如此。

獲取強勢ＩＰ，需要初期的內容、粉絲沉澱；再者是持續的精力和資源投入。做ＩＰ依舊是一個涉及到是否具有相關基因的東西。也正因為此，儘管ＩＰ一再被證明擁有成功的商業潛力，其套路也逐漸明晰，但這並不意味著做ＩＰ的門檻很低。

第八章

借鑑，國際網紅經濟現狀分析

全球網紅經濟概述

網紅一族是新經濟的新物種，他們的產生和爆發是新經濟力量的體現。在二〇一五年烏鎮世界互聯網大會上，阿里巴巴集團執行長張勇為二〇一六年淘寶出現的網紅經濟代言。他指出年輕族群在互聯網中被挖掘出來，在全球範圍內是獨一無二的。

網紅熱度席捲全球

在互聯網普及較早的國家，網紅也出現得早。二〇〇七年類似於網紅經紀公司的MCN（多頻道網路）崛起，為網紅提供周邊服務，包括持續創造內容、廣告接單、匹配網紅和品牌等。

國外網紅的兩大活躍平台為Youtube和Instagram，發布的內容主要是視頻與圖片，以內容資訊實用性為出發點。目前主流的變現方式為廣告、電商合作、品牌代言和自創品牌。國外網紅與電商的合作模式多為分享股權而非銷售分成，這一點與國內不同。

美國的網紅經濟更多依靠廣告變現，未來將更加注重發展電商。歐洲的時尚部落客類似於中國的網紅自媒體，他們的經營模式是：一旦部落客積累到一定的人氣，就會得到商家的贊助，贊助方甚至會邀請他們參加公關活動。

目前的主流社交媒體包括Facebook、Twitter、Linkedin、Youtube、Instagram、Pinterest和Google+，以它們為代表的社交網路滲透到生活的各面向。與之相關的資料統計，也已經成為很多公司制定媒體行銷策略的重要參考。因此，全面瞭解各大社交網路的重要資料也特別重要。

歐美網紅的關鍵字多是健身和旅行，部落客大多非常美，街拍和景色物品的攝影較多，很多部落客的穿著品味很高，但大部分不強調牌子，而是搭配，更加突出風格。他們的收入管道比較少，基本是品牌贊助和拍小廣告。

中國網紅的關鍵字多是大眼小臉美女，很多都是自拍和豪車名包，走的是大牌風，一堆細細長長的腿，拍照相對隨意。當然也有比較特別的穿衣、濾鏡和拍照風格（這點和歐美網紅是一樣的）。

網紅經濟得到全球資本的關注

近來滬深兩地的表現再度強勢，新形成的網紅經濟指數漲幅很多時候居於首位，遠遠超過其他概念指數。繼「網紅青團」之後，鹿晗合影的郵筒成為世界級網紅，吸引外媒關注報導。相關產業也獲得資本的關注，網紅越演越烈，成為一種世界級現象。

安信證券表示，隨著資本市場對網紅、視頻直播和移動直播的熱情高漲，更多社會資本和創業公司都衝進直播市場，視頻直播市場進入爆發期。此外，視頻直播和近期啟動的移動直播對CDN（內容傳遞網路）需求強勁，CDN及資料中心廠商將持續受益於二〇一六年的直播業務。

網紅的變現不局限於出售周邊產品（遊戲外設、抹茶美妝等），還延伸至微電影、電視劇、綜藝、電影、廣告等領域。網紅的PGC（專業生產內容）

趨勢日趨明顯，擁有資源的大佬獲勝機會更多。

建議新手關注行業平台型以及在細分領域擁有獨特ＩＰ的公司，包括華策影視、華誼兄弟、順網科技、樂視網、東方財富、奧飛娛樂、道博股份、雷曼股份、鴻博股份、凱撒股份和慈文傳媒。

網紅經濟市場規模過千億，電商、廣告、打賞、付費服務和線下活動，是目前網紅主要的變現方式。網紅社交資產的形成需經歷粉絲吸附、擴張與沉澱三個階段，「生產內容—行銷推廣—粉絲維護」的過程中，將產生可變現的社交資產。

現階段中國網紅主要通過平台電商（如淘寶）、社交電商（新浪達人通、微賣、京東拍拍小店等）、廣告、打賞、付費服務等方式直接在社交平台盈利及推進線下主業（線上培養粉絲群體，為線下業務導入客戶）。

二〇一六年對於中國互聯網內容創作來說，是非常關鍵的一年。一個是流量消失，未來的增長點肯定要靠推動內容來拉動；同時整個行業或者產業對於內容的需求越來越旺盛。互聯網的內容創作在二〇一六年會有一個小的爆發，或者是高潮。

視頻類網紅將占據市場主流

網紅經濟同時是眼球經濟和粉絲經濟，是注意力資源與實體經濟產生的化學反應。在網路時代，它的出現是一種必然也契合了用戶消費心理的個性化需求，運作簡單、高效、速食，相比傳統經濟而言，可謂立竿見影。

傳媒行銷市場上，從二〇一六年開始，大批視頻類網紅開始占滿各大網站，足以看到圖文類網紅的機會逐漸消失，內容產業將向視頻端傾斜，平台也將趨於多元化。隨著商業模式的成熟，網紅聚集了大量粉絲後，可以通過電商、廣告等途徑變現，而有了比較完整的商業鏈條。

交流和互動遠不僅限於以談話和書寫的方式進行，Youtube就是一個例證。越來越高速的網速，讓人們更方便地通過Youtube視頻自我表達，品牌也可以利用它的力量進行病毒式傳播。

業內人士指出，從淘寶網紅到電競主播再到移動視頻，網紅經濟衍生的產業鏈已經比較龐大。從資本市場的角度來看，目前至少有包括服裝及電商平台、視頻直播平台、電子競技及美容醫療板塊會受益於網紅經濟。

網紅經濟市場規模已過千億，短期內，行業將加速擴張；長期而言，實力不同的網紅群體將出現內部分層，各自配合不同的變現模式，形成較為穩定的金字塔結構。

例如Ferrari酒莊是義大利頂級的氣泡葡萄酒酒莊，一瓶不錯的酒不過五歐元，在中國市場出售加上稅費，售價為二十歐元，約合一百六十元人民幣。但問題是，這麼好的酒在中國基本沒人知道，淘寶和天貓上的售價為五百九十九元人民幣一瓶，沒有任何成交量。

傳統的零售模式非常不利於小眾品牌的成長，價格高、銷量低，經銷商資金和成本的壓力較大。Ferrari選擇和網紅商學院等中間機構合作，跟國內網紅一起與消費者做品牌溝通。

邀請網紅到場舉辦品酒會，經由現場直播，品牌被瞬間引爆。網紅可向粉絲預售，價格統一而且優惠，供應鏈可直接對接到Ferrari的出口總代理，形成良性循環。

歐美地區的網紅現狀分析

剛剛過去的二〇一五年，可以被稱為網紅年。許多整容女網紅靠著影視表演、開網店，賺大錢；更有不少網紅成了男明星和高富帥的另一半。近日，著名天使投資人、自媒體丁辰靈寫了一篇文章稱：創業已死，當網紅才是二〇一六年的賺錢大風口，網紅經濟將要大行其道。

網紅的本質是打造個人ＩＰ。ＩＰ通俗地講，就是有情感寄託的市場需求。今天，資本遭遇寒冬，實體經濟低迷，創業成本一再攀升，所以說創業的黃金時期，已經一去不復返了！

時勢造英雄，二〇〇八年做淘寶，二〇一三年做微商，二〇一六年呢？利用移動互聯網和社交媒體，快速積累粉絲和注意力，打造個人ＩＰ，再吸引投資、團隊，最後套現，這才是一條陽光大道。如今，沒有溫度、缺乏個人形象的品牌，已經吸引不了年輕用戶和消費者。

一線網紅的驚人年收入

二〇〇四年Facebook等社交平台崛起。二〇〇七年Youtube推出視頻廣告分成計畫：百分之四十五的收入歸Youtube平台所有，百分之五十五的收入歸視頻內容創作者。此舉大大激發了網路內容製造者的熱情，網紅開始大量出現。

同時，類似網紅經紀公司的MCN（多頻道網路）也開始崛起，為網紅提供周邊服務，包括持續創造內容、廣告接單、匹配品牌等。《每日經濟新聞》的記者注意到，Maker公司是Youtube上最大的內容製作商之一，二〇一四年以十億美元的估值被迪士尼併購。

中萬宏源公司認為，美國的網紅經濟更多依靠廣告變現，未來將更加注重發展電商，以及與網紅分享品牌股權。此外，美國十四至十七歲網民使用率最高的前三個社交軟體，分別是Youtube、Facebook和Instagram。

在歐美，以往高貴冷豔的奢侈品牌越來越傾向於找網紅代言。一線時尚達人的年收入已經高達百萬美元，他們在Instagram上傳一張穿著品牌服飾的照片，就有幾千到幾萬美元的收入。品牌和公關機構不可能忽視網紅們積累的粉絲人氣。

在中國，網路紅人雪梨的服裝淘寶店，每年的銷售額輕鬆過人民幣億元。成長於移動互聯網的新一代網路紅人，正在瓜分品牌的廣告預算和傳統明星的收入。不過，這對於網紅化的明星來說並不是壞消息，范冰冰發一條品牌太陽鏡的微博，可獲得小網紅們一年、甚至幾年的收入。這再次說明，現在不會當網紅的明星不是好明星。

二〇一六年網紅鋪天蓋地，但網紅經濟則是個新事物，在中國才剛剛開始。所以凡事我們都要和發達國家對比，比如美國的網紅是什麼樣子，搞清楚以後，也就知道中國未來的網紅趨勢會如何。

美國的網紅更專業，她們自己就是很棒的內容製作者，比如高顏值加上攝影師以及文字作者等，大家還記得那個反手牽手走世界的夫妻吧？每張照片都美得無以復加。

品味出眾的美國網紅

老美的網紅非常自信而且熱情地，把自己的品味和才華分享給粉絲。她們時刻充滿了正能量，非常富有感染力。比如身高只有一百五十二公分的網紅Wendy，一點都不會為身高自卑。

美國網紅都是極度認真的偏執狂。一張照片的一個Pose可以擺上百遍，直到完美和諧的狀態。在美國著名的短視頻平台Vine上，任何不起眼的六秒視頻，他們往往花四、五個小時拍攝。

美國網紅更加多元化。比起中國網紅，美國網紅可謂百花齊放，更加多元化。他們並不局限於時尚部落客，各種各樣的人都占有一席之地，比如健身達人、美妝部落客、電競達人等。由此，受眾可選的範圍就比中國寬廣得多。

美國沒有淘寶，比較少有產業鏈通吃和自己做品牌的情況，絕大多數是品牌廣告費。《富比士》盤點過去一年最賺錢的達人：直播電玩的謝爾斯伯格（Felix Kjellberg）去年的訂閱人數逼近四千萬，點擊率逾一百億次，年收入一千兩百萬美元；小提琴少女琳賽史達林（Lindsey Stirling）年入六百萬美元；越南裔美妝達人蜜雪兒潘（Michelle Phan）年入三百萬美元；Michelle Phan則是少數推出自有彩妝品牌的時尚部落客。

美國的網紅是什麼？先天條件好、專業的拍攝和行銷團隊、非常勤奮、正能量並會搞笑，賺廣告主的錢，和粉絲溝通主要靠視頻和圖片。

美國各種達人視頻化起步較早。人們的認識方式的容易程度可以按照如下方式排列：文字＜聲音＜圖片＜視頻。用戶更喜歡看短小的視頻，通過它們看到真實的生活場景。

視頻的發展跟4G網路密不可分。現在美國的各種達人多年前就在Youtube視頻化了。美妝達人Michelle Phan都紅了這麼多年，而中國的優酷、土豆也沒培養出一個達人。時機不對，現在反而被秒拍搶走了鋒頭。

二〇一五年的艾瑞統計，在中國使用最久的二十個APP中，視頻類占了七個，使用時長排在前十位元的APP中視頻類占五個。愛奇藝創始人、執行長龔宇曾在公開場合表示：「自媒體極有可能成為互聯網視頻劃時代的全新內容形式。」視頻將是未來新內容的增長點。

獨樹一幟的加拿大網紅

二〇一五年加拿大在十小時內迅速竄紅網路的三大勁爆消息：「最帥總理和最帥寶寶」、「Bluejays棒球隊力挽狂瀾」和「Drake新興神曲」，讓它第一次力壓鄰居美國，成為北美社交網路最受矚目的焦點。

例如最先吸引人眼球的是聯邦大選的贏家，加拿大玉樹臨風的新任總理、自由黨黨魁賈斯汀．杜魯多（Justin Trudeau）。在保守黨的哈珀執掌總理之位九年後，加拿大多數民眾顯然更願意看到一個新總理。而他們也不介意換一換口味，由成熟大叔控的前總理史蒂芬．哈珀（Stephen Harper），轉變為影星般長相的小鮮肉賈斯汀．杜魯多。

賈斯汀．杜魯多的父親皮耶爾．杜魯多（Pierre Trudeau）曾是加拿大最成功的總理之一，任上與中國建交。賈斯汀．杜魯多本人現年四十三歲，年輕有為，相貌英俊，世界各地網友都對他極為關注。但讓加拿大成為「北美網紅」的卻不是這位新總理，而是一位小寶寶。

這位小寶寶頭戴黃綠色大耳機騎在父親肩頭，面對著慶祝的人潮和國家總理，淡然自若，頗有大俠氣概。這段視頻一經傳出便被Twitter、Facebook上的網友爭相轉載，並戲稱寶寶為「杜魯多寶寶」（Trudeau Baby）。不知十餘年後，長大成人的他再看這段視頻會做何感想。此次聯邦大選是一百四十多年來，加拿大史上歷時最長、花費最高的選舉。

例如加拿大裔的當紅說唱歌手Drake在Twitter上發布了他的新歌MV《Hotline Bling》，雖然因不明原因被立刻刪除，但該視頻在短短數小時內便登上Buzzfeed首頁，點擊率過百萬。在MV中，Drake魔性的舞蹈動作被戲稱為「一個人衣服裡進了蜘蛛時的反應」。

以上三大事件集合，令素有「美國小表弟」、「美國後院」、「美國第五十一州」之稱的加拿大在這一天走出美國陰影，成了「北美交際花」。但這素來平靜的國度，不久後很可能就會再度歸於平靜，一如往常。

也許有選民對選舉結果大為不滿，也許有棒球粉絲徹夜難眠，也許有人不停聽著那首洗腦神曲，但正如皇后樂隊的那種名曲的標題一樣：The Show Must Go On。

頗受商家青睞的歐洲網紅

在歐洲還流行一種時尚部落客，就是網紅開設部落格後利用自己的人氣增加影響力，這種形式類似中國的自媒體。歐洲網紅的經營模式是，一旦部落客的人氣積累到一定程度，他們就會得到商家的贊助，贊助方甚至會邀請他們參加公關活動。網紅知名度的增加，開始影響傳統的推廣模式。品牌商經由網紅影響到他們的粉絲，以達到宣傳品牌的目的。

當中國的網紅經濟風暴來襲時，我們有必要深究歐美紅人的行銷演變，從最早的時尚部落客的誕生，到現在各個精細行業網紅的興起。

歐洲影響者有四個層面：第一個層面是Celebrities，也就是明星、名流；第二層是Publishers，中國的理念是自媒體，歐洲是時尚部落客。二〇一三年歐洲誕生了很多時尚部落客，他們自己會創作部落格，比較有名的是Andy torres和Stylescrapbook。

例如Andy，墨西哥人，擁有一雙長腿，是身材非常棒的職業運動員。作為南美人，她的先天條件非常優秀。二〇一一年，她在二十多歲時到阿姆斯特丹闖天下。Andy開設了自己的部落格，歐洲很多人跟新浪微博平台的用戶類似，都是發表長篇文章或者多圖，把每日的穿搭拍攝出來，Andy也不例外。她就這樣一步步經營自己的部落格，兼職模特兒工作。這樣漫長的積累持續了兩年，人氣慢慢地搭建起來，經營五年之後，她也收到了很多商家的贊助，這是典型的歐洲利用網紅經濟的模式。

一旦部落客的人氣積累到一定的程度，他們就會得到一些商家的贊助，贊助商甚至會請他們參加公關活動。開始的時候，部落客本身的商業收益是非常低的，但卻增加了他們的人氣。

類似的還有著名的義大利部落客，現居美國，叫Chiara Ferragni。在歐洲其他國家與Andy同時崛起的，包括北歐的一些部落客。二〇一三年前後，真的是部落客盛行的時代。

部落客們同在歐洲本土，互相間演變為朋友合作的關係，這點與中國很像。在部落格上互相幫對方推穿搭的照片、吸引更多的人氣，這也是互助共用的經濟形式。他們的人氣和穿戴方式影響歐美時尚界的巨大轉型。

縱觀過去幾年，米蘭、巴黎、倫敦、紐約時尚秀可以發現，坐在前排的越來越多是部落客。他們的吸粉和變現能力，使其成為公關活動的嘉賓。這樣做可以增加人氣、增加社交圈的人脈，在世界各地都行得通，有志於成為網紅的朋友可以借鑑。

歐洲部落客和網紅的發展跟美國比較類似，統稱歐美現象。基本上使用的平台是Facebook和部落格。但從Instagram成為歐洲網紅發布照片和日常活動主打的社交媒體平台後，歐洲的社交媒體二〇一五年開始發生非常明顯變化。三、四年前，部落客開始在Instagram發照片來導流，淡化了部落格。

中國的「九〇後」和「〇〇後」，在歐洲叫千禧一代。千禧一代是部落客影響的主要受眾。千禧年後是讀圖時代，Instagram是必備的平台，很多部落客都是在Instagram更新，慢慢淡化部落格的更新。

廣告公司也開始考慮品牌的推廣，他們現在喜歡用社交影響者行銷的方式。品牌商怎樣能夠最有效地把品牌推廣到受眾，怎樣才是最有效的行銷方式？部落客或網紅在經營人氣的同時，品牌方也在探索尋找他們。一個完美的結合就是合適的品牌跟合適的網紅（影響者）合作，搭建給相應的受眾，事實上這是雙向的。

歐洲的品牌推廣特別強調受眾人群，品牌方會非常認真地挑選品牌大使，事實上這也給了歐洲網紅經濟非常大的空間，即並不只有美少女才能成為網紅，因為產品是多樣的。

歐洲的網紅形式是多樣的，以荷蘭市場為例，很多網紅行銷公司和網紅經紀公司會特別關注在策劃行銷案時需要的品牌，品牌受眾的多元化影響了網紅形式的多元化。

多元化的網紅身分

不同年齡、形象和類型的人，都有可能成為影響者或者網紅。比如分享穿搭、瑜伽和運動減肥經歷，這代表某一個人群，同時也能夠跟某一個產品對接。現在是世界化呈現時代，中國的發展趨勢也應該是這樣。歐美則特別明顯，隨著Instagram取代了傳統的部落格，圖片化的故事越來越引領影響力的趨勢，兩個具有歐洲代表的網紅能說明這一點。

有一位荷蘭網紅，他喜歡攝影，照片也很有特色，發布在Instagram後，名氣越來越大，現在他是加拿大旅遊局的御用攝影師和網紅。這類情況在中國也有，有一些部落客會專門為一些美食、旅遊雜誌撰稿。我的意思是，很多時候成為網紅不一定需要本人出鏡。

另一位英國人，Michael Zee，他現在已經成為Instagram美食類裡人氣非常熱門的網紅。他在Instagram上發布照片已經長達兩年時間。

他每天會為男友（同志）做一頓豐盛的早餐並拍對稱的照片。日積月累形成一定的風格，還取了一個有特色的名字：「SYMMETRYBREAKFAST」（對稱的早餐）。因為他是博物館藝術從業者，同時酷愛攝影，做早餐是非常忠實的愛好，所以這個圖片一下子紅遍Instagram，他和他對稱的早餐一下子成為網紅。

最近英國一個很有名的廚師指名Michael Zee跟他一起合作美食項目，Michael Zee本人的廣告收入也開始大漲，雖然這其中有一定的機緣巧合，但是也有必然，因為非常對稱的早餐圖片確實有它的獨特性。

另外一類是低齡化的十歲左右的孩子，他們也會開設自己的視頻平台，向大家大談自己玩某樣玩具的心得。歐洲搭建個人媒體或者自媒體平台的人的初衷，大多都是無心插柳，反而一下子就帶動了人氣，最有影響力的平台、部落格、自媒體，一定是自己最擅長、最喜歡的方面。

總而言之，要想成為網紅，還是要抱著比較輕鬆、淡然的心態，無心插柳柳成蔭。一定要把自己的創意、愛好和長處結合起來，做出來的東西才會特別有特點，有特點的同時，才會更加吸引人。

韓系風入駐網紅界

近年來，韓流時尚在中國風生水起，越來越多的中國消費者經由韓國購物網站購買韓國商品，韓國女裝尤受海淘族歡迎。國內知名移動社交電商平台萌店，剛剛宣布與韓國人氣時尚女裝品牌利利可兒（簡稱「REALCOCO」）達成合作。

在萌店開設REALCOCO旗艦店，藉助萌店平台開拓韓國REALCOCO品牌在移動社交電商管道的銷售，以高品質的韓國潮流女裝引領更多中國女性的時尚生活。憑藉清新、時尚的設計風格和親民的價格，REALCOCO推出的韓系服裝深受年輕女性的喜愛。

入駐萌店國際是REALCOCO開拓中國市場的一次創新。萌店上的兩千多萬萌主經由微信、微博等移動社交管道，分享REALCOCO的服飾商品，把最新的韓國時尚潮流帶給更多的中國女性，REALCOCO也借助萌店在中國傳播品牌和開拓移動端銷售管道。

作為中國第一家移動社交電商平台，萌店自二〇一五年三月上線以來，平台註冊的用戶數量已超過兩千萬人，B端入駐商家超過兩萬家。同年七月，萌店成立國際電商事業部，涉足跨境電商藍海。目前，萌店國際已涵蓋日韓、歐美和澳紐等三十多個國家，商品涵蓋近萬款海淘潮牌尖貨。

REALCOCO品牌方表示，在萌店不斷推陳出新的移動社交行銷活動助力下，REALCOCO將通過「移動社交與跨境電商」的移動行銷創新模式，致力於為億萬中國女性帶來時尚個性的韓系女裝，成為韓國快時尚品牌的標竿。

日本藉助優衣庫開拓網紅市場

近日，日本優衣庫推出了UT Picks的新產品：消費者從優衣庫官網選擇一個氣質近似自己的明星或網紅，之後每月收到他精選的一件價格九百九十日圓的UT系列優衣庫印花T恤。優衣庫推出的產品之所以有趣，並不是設計了新款新秀，而是在銷售特定人選擇出的購買風格。

優衣庫官網上有三十位上述明星或網紅，他們被稱為「UT Picker」，來自不同的大眾文化領域，例如日本搞笑組合PEACE的成員又吉直樹和綾部祐二、日本模特兒道端カレン（Karen）、「私立惠比壽中學」等日本偶像團中的成員，還包括音樂人、運動員，以及原創T恤設計師等人員。他們需要每個月從一千兩百多種UT系列T恤中選出喜歡的一款，再用一句話標出自己的穿衣風格，便於消費者更準確地選出他們想要的風格。

名人用一句話介紹自己的穿衣風格（該圖和名人照片滾動出現），能吸引眾多粉絲參與。由於每月需要支付九百九十日圓（包括郵費，不包括消費稅），一次購買的服務時間為五個月，消費者若想一直享受「UT Picks」服務，需要每五個月向優衣庫官網支付四千九百五十日圓。

參與此服務的T恤價值在九百九十日圓到一千五百日圓，所以「UT

Picks」比個人單件買更優惠。消費者每五個月收到的五件T恤中，還有一款是優衣庫實體店不銷售的珍藏版，這或許是省卻挑選時間、價格優惠、粉絲效應外，另一個吸引優衣庫用戶打開網站的秘笈。

在日本，有兩大網紅代表值得借鑑，一個吃死不胖，一個吃胖也時尚。主角之一的日本女大胃王，只需在B站搜索「吃貨木下」，就可以看到她吃東西的視頻。她一頓可以吃下近兩萬大卡的熱量；成年人一天所需的卡路里也不過兩千大卡。而直播平台也在尋找中國的木下佑曄。

另一個網紅則是Instagram上粉絲數量比混血模特兒水源希子都要多的渡邊直美。她身高一百五十七公分，體重一百公斤左右。在肥胖就是恥辱的日本，她用一種病毒式的喜感能量感染觀眾，迅速走紅，拿手好戲則是模仿天后碧昂絲。她開創了自己的時尚品牌服裝PUNYUS，每個月能賺百萬美元，為胖子打造的潮服一上架就全部售罄！

日本網紅還會包括一些「囧」貓等離奇古怪的東西，值得學習和借鑑。歐美的網紅市場起步最早，互聯網等方面都較為成熟，自然引領著世界網紅經濟的發展方向。中國網紅要效仿，歐美會是很好的對象。

國家圖書館出版品預行編目（CIP）資料

網紅經濟：移動互聯網時代的千億紅利市場 / 袁國寶、謝利明著. -- 初版. -- 臺北市：商周出版：家庭傳媒城邦分公司發行, 民105. 09
面； 公分. --（新商叢；448）
ISBN 978-986-477-109-7（平裝）
1. 網路經濟學
550.16 105017458

新商業周刊叢書 618

網紅經濟：移動互聯網時代的千億紅利市場

作　　者／袁國寶、謝利明
責任編輯／張曉蕊
版　　權／黃淑敏
行銷業務／莊英傑、石一志、周佑潔
總 編 輯／陳美靜
總 經 理／彭之琬

發 行 人／何飛鵬
法律顧問／台英國際商務法律事務所
出　　版／商周出版
台北市104民生東路二段141號9樓
電話：(02) 2500-7008 傳真：(02) 2500-7759
E-mail：bwp.service@cite.com.tw
發　　行／英屬蓋曼群島商家庭傳媒股份有限公司城邦分公司
台北市104民生東路二段141號2樓
電話：(02) 2500-0888 傳真：(02) 2500-1938
讀者服務專線：0800-020-299 24小時傳眞服務：(02)2517-0999
讀者服務信箱：service@readingclub.com.tw
劃撥帳號／19833503 戶名：英屬蓋曼群島商家庭傳媒股份有限公司城邦分公司
香港發行所／城邦（香港）出版集團有限公司
香港灣仔駱克道193號東超商業中心1樓
E-mail:hkcite@biznetvigator.com
電話：(852) 2508-6231 傳真：(852) 2578-9337
馬新發行所馬／城邦(馬新)出版集團
Cite(M)Sdn.Bhd.(458372U)
11,Jalan 30D/146, Desa Tasik, Sungai Besi,
57000 Kuala Lumpur, Malaysia.
電話：603-90563833 傳真：603-90562833
E-mail:citekl@cite.com.tw
印　　刷／鴻霖印刷傳媒事業有限公司
總 經 銷　聯合發行股份有限公司　電話：(02)2917-8022　傳真：(02)2915-6275

ISBN 978-986-477-109-7

2016年(民105)10月初版

定價／380元

城邦讀書花園
www.cite.com.tw